JUSTICE OBSOLÈTE

Repenser le crime, la responsabilité et la punition à l'ère de la démocratie

Édition révisée — Avril 2026

Maître Quesner Stephen

Stegy Group Publishing

Première édition : août 2025

Édition révisée : avril 2026

ISBN : 979-8-999461-63-6

Library of Congress Control Number : 2025916312

Stegy Group Publishing

3811 Blanding Blvd, Suite 3

Jacksonville, FL 32210, USA

info@stegygroupllc.com

www.stegygroupllc.com

+1 (904) 616-2108

Imprimé aux États-Unis d'Amérique

« Gouverner l'existence démocratique par une justice aux racines divines ne constitue pas une avancée, mais bien une forme larvée de régression. »

— Quesner Stephen

REMERCIEMENTS

Ce livre n'aurait pas été possible sans le soutien, l'inspiration et les encouragements de nombreuses personnes qui m'ont accompagné tout au long de ce voyage intellectuel et émotionnel.

À mes mentors et professeurs, merci d'avoir nourri ma curiosité et remis en question mes certitudes. Votre sagesse et la rigueur de vos recherches ont contribué à façonner l'ossature de cet ouvrage.

À mes collègues et pairs académiques, vos échanges, débats et analyses critiques ont affûté mes arguments et enrichi ma perspective. Votre passion pour la justice et la vérité a constamment rappelé l'importance de ce travail.

Aux communautés, individus et militants qui continuent à se battre pour la justice au-delà des murs de l'université, merci. Vos expériences vécues, votre courage et votre résilience ont nourri l'esprit de ce livre bien plus que ne pourraient le faire des statistiques.

À ma famille, pour votre patience, votre amour et votre compréhension durant les longues nuits et les innombrables révisions. Votre foi inébranlable en moi constitue le socle de toutes mes réussites.

Enfin, à chaque lecteur qui ose imaginer un avenir plus humain et plus démocratique, ce livre vous est dédié. Puisse-t-il servir à la fois de miroir et d'invitation à l'action.

PRÉFACE

Avant tout argument, avant toute philosophie, il y a un fait. Un fait que personne ne conteste, que nul n'a jamais contesté, et dont personne n'avait encore tiré la conséquence logique qui s'impose.

Partout où l'humanité s'est organisée — en Mésopotamie, en Égypte, en Grèce, à Rome, dans la tradition judéo-chrétienne — elle a produit, avant même l'État, une justice punitive adossée à une autorité qui la transcende. Ce n'est pas une coïncidence géographique ni un accident de l'histoire. C'est la marque d'un stade de développement : au stade théologique de la pensée humaine, la transgression est un péché, la punition est expiation, et l'autorité qui juge n'est pas humaine — elle est divine ou cosmique[1].

La justice pénale n'a pas émergé dans une civilisation particulière. Elle a émergé partout, simultanément, avec la même structure, parce qu'elle est la réponse institutionnelle naturelle de l'humanité à ce stade de son évolution. La Partie I de ce livre en retrace la filiation documentée à travers cinq foyers civilisationnels. Ce qu'elle établira est simple : la justice pénale précède non seulement l'État démocratique — elle précède tout État.

Cette antériorité universelle rend le fait chronologique encore plus frappant.

La justice pénale a plusieurs millénaires. Le Code de Hammurabi, gravé dans la diorite vers 1750 avant notre ère, en pose

[1]Comte, A. (1830–1842/1975). Cours de philosophie positive (Vol. I). Hermann. Sur la loi des trois stades et la caractérisation du stade théologique.

déjà les fondements avec une précision saisissante : une autorité transcendante — le dieu Shamash — remet les lois à un souverain chargé de les appliquer[2]. Le droit mosaïque, vers 1200 avant notre ère, reproduit cette même structure : la loi descend, elle ne monte pas[3].

Vingt-cinq siècles de filiation documentée, ininterrompue, cohérente[4].

L'État démocratique moderne, lui, a deux cent cinquante ans. Les révolutions américaine (1776), française (1789) et haïtienne (1804) ont produit une rupture totale avec l'ordre qui les précédait : un État civil, non confessionnel, fondé non plus sur l'autorité divine mais sur le consentement de ses membres[5]. L'individu n'est plus sujet — il est associé. Il n'obéit plus à une volonté qui le transcende — il délègue une autorité qu'il possède.

Ce seul fait chronologique suffit à poser la question centrale de ce livre : l'État démocratique est postérieur à la justice pénale de vingt-cinq siècles. Il ne pouvait donc pas l'avoir créée. Il l'a héritée — de l'ordre même qu'il venait de renverser.

Ce fait en appelle un second, d'une égale évidence.

---

[2]Driver, G. R., & Miles, J. C. (1952). The Babylonian laws (Vol. 1). Clarendon Press. Le prologue du Code précise que Hammurabi tient son pouvoir du dieu Shamash.

[3]Westbrook, R. (Éd.). (2003). A history of ancient Near Eastern law (Vol. 1). Brill. Sur la structure descendante de la loi dans le droit mosaïque.

[4]Peters, E. (1988). Inquisition. University of California Press. Sur l'Inquisition comme expression de la justice pénale théocratique à son apex.

[5]Arendt, H. (1963). On revolution. Viking Press. Sur la rupture opérée par les révolutions démocratiques modernes.

La nature de l'État démocratique est civile et non confessionnelle. Sa seule vocation est la destinée prospère de ses membres — non le jugement de leurs fautes morales. La nature de la justice pénale, en revanche, est confessionnelle jusqu'à l'os : ses catégories fondamentales — la faute, la culpabilité, la peine, l'expiation — sont les catégories de l'ordre théocratique[6]. Leurs étymologies le trahissent sans équivoque. Par exemple, : peine vient du latin poena, lui-même calque du grec poinê, la compensation due aux dieux ; pénitencier est la maison de la pénitence religieuse; culpabilité renvoie à la culpa augustinienne, la faute originelle.

Deux natures diamétralement opposées ne peuvent pas coexister dans la même institution sans que l'une contredise l'autre. Ce n'est pas une opinion — c'est une loi de cohérence logique.

Comment en est-on arrivé là ? Par ce qu'Auguste Comte appelait le propre du stade métaphysique de transition : conserver les structures de l'ancien ordre sous de nouveaux noms, faute d'avoir encore développé les institutions du nouveau stade. Les révolutionnaires de 1776, 1789 et 1804 ont accompli une rupture totale dans l'ordre politique. Ils n'ont pas accompli cette rupture dans l'ordre pénal. Ils ont gardé l'institution phare de la théocratie — non par cynisme, mais par manque d'évolution de la pensée. Personne ne leur avait encore posé la question.

Ce livre pose cette question.

[6]Berman, H. J. (1983). Law and Revolution : The formation of the Western legal tradition. Harvard University Press. Sur les origines canoniques des catégories juridiques pénales.

Il ne propose pas une réforme de la justice pénale. Il démontre que la réforme est impossible — parce que ce n'est pas le fonctionnement de l'institution qui est en cause, mais sa nature. Il ne plaide pas pour l'impunité. Il démontre que la réponse aux torts entre associés appelle une institution entièrement différente, conçue pour l'espace démocratique — non héritée de l'ordre que cet espace a remplacé.

Le lecteur n'a besoin d'aucune formation juridique ou philosophique préalable pour suivre cette démonstration. Il a besoin d'une seule chose : accepter de regarder un fait chronologique en face, et d'en tirer les conséquences que la logique impose.

PROLOGUE

— Parachever la Révolution de la Justice

L'histoire de la pensée humaine est l'histoire d'une lente conquête. Conquête sur la peur, sur l'ignorance, sur la nécessité d'expliquer l'inexplicable par des forces que l'on ne comprend pas encore.

Ce n'est pas un stade d'ignorance honteuse — c'est le stade inévitable de toute intelligence confrontée à un monde qu'elle n'a pas encore les outils pour lire autrement. Ce stade a produit des cathédrales, des épopées, des cosmologies d'une cohérence remarquable. Il a aussi produit la justice pénale.

Puis l'humanité a commencé à traverser. Lentement, inégalement, mais irréversiblement. Elle a expliqué la foudre par l'électricité — non plus par Zeus. Elle a expliqué la maladie par des bactéries — non plus par la colère divine. Comte appelait cette destination le stade positif : le stade où l'humanité cherche les causes réelles, observables, mesurables, traitables — et renonce définitivement aux explications surnaturelles.

Entre les deux, un stade intermédiaire : le stade métaphysique, celui de la transition, où les anciennes structures persistent sous de nouveaux noms, faute d'institutions nouvelles pour les remplacer.

C'est dans ce stade métaphysique de transition que vit encore, aujourd'hui, la justice pénale.

Les révolutions de 1776, 1789 et 1804 ont accompli quelque chose d'extraordinaire : elles ont renversé l'ordre théocratique dans le domaine politique. L'individu-sujet est devenu l'individu-associé. La légitimité descendante — de Dieu au roi, du roi à l'Église, de l'Église aux sujets — a été remplacée par une légitimité ascendante : tout pouvoir émane désormais du consentement de ceux qui le délèguent.

C'est une rupture totale, irréversible, dont les conséquences n'ont pas fini de se déployer. Mais dans ce mouvement de rupture totale, une institution n'a pas été renversée. Elle a survécu — tolérée, conservée, réformée à la marge, mais jamais questionnée dans sa nature. La justice pénale est restée debout dans la maison démocratique, comme un mur porteur de l'ancienne architecture que personne n'avait osé toucher, non parce qu'il était solide, mais parce que personne n'avait encore demandé à quoi il servait.

Comte l'avait prévu. Le propre du stade métaphysique est précisément de conserver les structures de l'ordre ancien sous de nouveaux noms, faute d'avoir développé la pensée suffisamment pour concevoir les institutions du stade nouveau. La justice pénale est le fossile institutionnel du stade théologique dans l'espace du stade positif. Non pas un vestige inoffensif — un fossile actif, armé, financé, qui traite des millions de vies humaines chaque année selon des catégories que la civilisation a abandonnées dans tous les autres domaines.

La justice pénale est la seule exception. Elle est le seul domaine de l'organisation collective où l'humanité a maintenu, intact, le paradigme du stade théologique — la faute morale individuelle, l'expiation, la punition méritée — pendant que tout le reste de la civilisation avançait. Elle est, pour reprendre la formule de Comte, la dernière frontière : non pas parce qu'elle est plus difficile à traverser que les autres, mais parce qu'elle est la seule qu'on n'a pas encore osé traverser avec les outils de la raison positive.

Ce livre est l'invitation à faire cette traversée.

Non pas en proposant une réforme. La réforme a été tentée pendant deux siècles et demi — de Beccaria à Howard, de Bentham à Foucault — et elle a produit des prisons plus propres, des procédures plus équitables, des peines plus mesurées. Mais elle n'a pas changé la nature de l'institution. Elle ne pouvait pas la changer, pour la même raison que la saignée médicale ne pouvait pas être réformée en une médecine moderne : ses prémisses appartiennent à un stade que la connaissance humaine a dépassé. On ne réforme pas un fossile. On reconnaît ce qu'il était, on comprend l'ordre dont il est la trace, et on construit à sa place l'institution que le stade actuel exige.

La démonstration qui suit procède en six étapes. Chacune rend la suite logiquement nécessaire. Ensemble, elles établissent une seule conclusion : l'État démocratique n'a pas le droit de maintenir une institution née pour ses adversaires. Il est temps qu'il le rende à l'ordre auquel il appartient.

Contents

INTRODUCTION GÉNÉRALE

La question que la justice pénale n'a jamais eu à affronter

Les sociétés démocratiques modernes reposent sur un fondement philosophique et juridique clair : l'individu n'est pas le sujet d'un pouvoir qui le dépasse, mais l'associé originaire d'un contrat social qu'il a, par délégation et consentement, contribué à élaborer. Ce passage — du sujet à l'associé — constitue la rupture fondatrice des révolutions de 1776, 1789 et 1804. Il n'est pas seulement politique. Il est ontologique. Il change la nature même du lien entre l'État et la personne.

Or, cette rupture fondatrice est demeurée inachevée sur un point capital : la gestion des conflits entre membres de la société. Les révolutionnaires, transformés en architectes d'un ordre nouveau, ont conservé par commodité — ou par négligence historique — les institutions pénales héritées de l'ordre théocratique qu'ils venaient de renverser. La justice pénale, née dans l'obscurantisme de la faute divine, de l'expiation et de l'exclusion, a été transplantée dans la maison démocratique sans transformation de sa nature profonde.

Cette transplantation constitue une contradiction structurelle que le temps n'a pas résorbée — il l'a aggravée. Le développement de la criminologie scientifique, aux XIXe et XXe siècles, a progressivement démontré que le crime n'est pas le produit d'une volonté mauvaise indépendante, mais le résultat mesurable de conditions sociales, économiques et structurelles que l'État lui-même avait la charge de prévenir. La science dissout la prémisse morale sur laquelle toute la logique pénale est construite.

Il en résulte une situation paradoxale, documentable et démontrée : un système conçu pour sanctionner la faute individuelle, appliqué à des personnes dont la science absout la responsabilité autonome, dans un cadre politique qui leur reconnaît la qualité d'associés co-fondateurs de l'ordre juridique. Cette triple incompatibilité — ratione personae, ratione materiae, et ratione loci — ne rend pas le système imparfait. Elle le rend illégitime.

Avant les révolutions démocratiques de la fin du XVIIIe siècle, il n'existait pas de société politiquement organisée qui ne fût, dans son principe fondateur, une théocratie. Le mot désigne ici non pas nécessairement un régime gouverné par des prêtres, mais quelque chose de plus profond et de plus universel : tout ordre politique dans lequel la légitimité du pouvoir descend d'une autorité qui transcende les hommes — divine, cosmique ou sacrée.

L'Égypte des pharaons, où le souverain était lui-même une émanation du divin. La Mésopotamie de Hammurabi, où la loi était remise par les dieux. La Grèce classique, où les institutions politiques coexistent avec un ordre religieux que nul ne songeait à séparer du civil. Rome, dont le droit public était indissociable du fas — la loi sacrée — avant même le ius — la loi civile.

L'Europe médiévale, où le pouvoir temporel ne trouvait sa légitimité ultime que dans l'onction divine. Et les civilisations du Nouveau Monde, des empires aztèque et inca aux sociétés caribéennes, qui organisaient leur justice selon des cosmologies dont l'autorité transcendante était le principe premier. En tout lieu, en tout temps, avant 1776 : la légitimité descend. Elle ne monte pas.

Auguste Comte, observant ce fait depuis le XIXe siècle naissant, n'y voyait pas une erreur collective de l'humanité, mais la manifestation d'une loi : la loi des trois stades. Toute société humaine, toute pensée humaine, traverse nécessairement trois stades de développement — théologique, métaphysique, positif — et ne peut brûler les étapes. Au stade théologique, l'humanité explique tous les phénomènes — naturels, sociaux, moraux — par des forces surnaturelles. Ce stade n'est pas une aberration : c'est le seul stade disponible pour une intelligence qui ne dispose pas encore des outils du stade suivant. Il était inévitable. Il était même nécessaire. Mais il était destiné à être dépassé.

Ce dépassement est précisément ce que les révolutions démocratiques ont accompli — partiellement.

0.2 — L'anomalie que personne n'a nommée

Les révolutions de 1776, 1789 et 1804 ont produit quelque chose de radicalement nouveau dans l'histoire de l'organisation humaine : un État dont la légitimité ne descend plus d'aucune autorité transcendante, mais monte du consentement libre de ses membres. L'individu-associé — catégorie politique entièrement nouvelle — devient la source de tout pouvoir légitime. L'État civil et non confessionnel naît : il ne reçoit d'ordre d'aucune entité extérieure à ses membres, ne reconnaît aucune faute qui ne soit un tort entre associés, et ne poursuit d'autre finalité que la destinée prospère de ceux qui le composent.

Dans ce mouvement de rupture totale, une institution n'a pas été renversée. La justice pénale — née dans la théocratie, conçue pour la théocratie, structurée par les catégories de la théocratie — a survécu aux révolutions qui auraient dû l'emporter. Elle a survécu non par décision délibérée, mais par ce que Comte identifiait comme le propre du stade métaphysique de transition : l'incapacité à percevoir que les structures conservées appartiennent à l'ordre renversé, faute d'avoir développé les institutions qui devraient les remplacer.

C'est cette anomalie que ce livre examine. Elle tient en trois constats, dont chacun est la condition logique du suivant.

Premier constat — l'antériorité.

La justice pénale précède l'État démocratique de vingt-cinq siècles. Elle précède, plus généralement, tout État au sens moderne du terme : elle est antérieure à la distinction entre le religieux et le civil, parce qu'elle est née dans un monde où cette distinction n'existait pas. L'État démocratique ne l'a pas créée — il l'a héritée de l'ordre qu'il venait de renverser.

Deuxième constat — l'incompatibilité de nature.

La nature de l'État démocratique — civile, non confessionnelle, fondée sur le consentement — est diamétralement opposée à la nature de la justice pénale — confessionnelle, fondée sur la faute morale transcendante et l'expiation. Ces deux natures s'excluent mutuellement.

Troisième constat — le vice de délégation

L'État démocratique tient son pouvoir du consentement des associés. Mais les associés ne peuvent déléguer que les pouvoirs qu'ils possèdent dans leur nature civile. Le pouvoir de juger la faute morale appartient à l'ordre confessionnel — il n'est pas dans la nature civile de l'associé. Selon le principe latin « **Nemo dat quod non habet** » : nul ne donne ce qu'il n'a pas. La délégation sur laquelle repose la justice pénale est nulle et de nullité absolue. Sa constitutionnalité apparente est viciée à la source.

0.3 — La structure de la démonstration

Ces trois constats constituent le cadre déductif de tout ce qui suit. L'ouvrage procède en six étapes qui s'enchaînent avec la rigueur d'une démonstration : chaque facteur rend le suivant inévitable. Ce n'est pas une accumulation de critiques additives. C'est une progression logique où l'abandon d'une étape compromettrait l'ensemble.

La thèse suit la démarche logico-déductive suivante : « Origine → Rupture → Absolution scientifique → Incompétence → Échec systémique → La voie ».

Chaque facteur rend le suivant inévitable.

La Partie I établit la filiation théocratique de la justice pénale sur le plan à la fois historique-philosophique et étymologique. La Partie II mesure la rupture démocratique inachevée : les révolutions ont transformé la nature de l'individu devant la loi sans transformer l'institution chargée de le juger.

La Partie III démontre, par la voie scientifique indépendante de la criminologie, que la prémisse morale sur laquelle repose toute la logique pénale — l'existence d'un criminel moralement responsable — n'a pas de validité empirique.

La Partie IV nomme l'incompétence juridictionnelle qui résulte de ces trois constats, sous ses trois formes techniques.

La Partie V mesure, acteur par acteur, la destruction systémique que produit une institution placée hors de son territoire : le policier, le procureur, le juge, l'accusé, la victime, la communauté et l'idéal démocratique lui-même en sont les victimes solidaires.

La Partie VI trace enfin la voie d'une justice véritablement démocratique : non la réforme de l'institution existante, mais sa substitution par un système fondé sur la réparation du préjudice, la protection proportionnée au danger réel, et le traitement des causes sociales du comportement nuisible.

Dans ces pages, ce n'est pas une réforme qui est proposée. C'est une substitution. Cela se fait non par radicalisme, mais par cohérence.

0.4 — Cadre épistémologique

Toute la démonstration qui suit repose sur un cadre épistémologique dont il convient de préciser les contours avant d'avancer. Ce cadre est celui d'Auguste Comte, non parce qu'il est le seul possible, mais parce qu'il est le plus précis pour rendre compte de ce que ce livre observe : la coexistence, dans le même espace juridique, de deux logiques appartenant à deux stades différents du développement de la pensée humaine.

Il convient ici d'apporter une précision épistémologique importante. La loi des trois stades, dans la formulation originelle de Comte, s'applique à l'évolution de la pensée humaine en général — et, par extension, aux individus et aux sociétés. Son application aux institutions particulières constitue une extrapolation analytique légitime : une institution est la cristallisation institutionnelle d'une pensée dominante à un stade donné, et elle porte en elle la logique de ce stade même lorsque la pensée environnante a évolué. C'est précisément cette inertie institutionnelle que Comte identifiait comme le propre du stade métaphysique de transition.

Le stade théologique est le stade où l'humanité explique tous les phénomènes par des agents surnaturels. La transgression est péchée — violation d'un ordre divin. La punition y est expiation — restauration de cet ordre par la souffrance du coupable. La justice pénale en est la synthèse institutionnelle la plus accomplie.

Le stade métaphysique est le stade de transition. Les forces surnaturelles personnelles sont abstraites en entités impersonnelles — la Nature, la Raison, le Droit naturel — mais l'essentiel de la structure théologique est conservé sous une terminologie nouvelle. C'est le stade dans lequel les démocraties modernes se trouvent encore, partiellement, en matière pénale.

Le stade positif est le stade où l'humanité cherche les causes réelles, observables, mesurables. Il n'y a plus de fautes métaphysiques — il y a des phénomènes à expliquer, des conditions à modifier, des torts à réparer. C'est le stade que ce livre identifie comme l'horizon nécessaire d'une justice véritablement démocratique.

La loi des trois stades n'est pas une philosophie de l'histoire déterministe au sens où chaque société traverserait ces stades à la même vitesse ou dans le même ordre. Elle est un outil analytique :

elle permet de nommer ce qui se passe lorsqu'une institution appartenant au stade théologique est maintenue dans un espace qui se déclare au stade positif. Ce qui se passe a un nom : c'est une contradiction structurelle. Et les contradictions structurelles ont une seule issue — elles se résolvent, ou elles détruisent ce qui les contient.

0.5 — Cadre conceptuel

La démonstration qui suit mobilise onze notions fondamentales structurant l'argumentation de part en part. Ces notions constituent les pièces mécaniques d'un raisonnement dont chaque étape dépend de la précision des précédentes, regroupées ici selon la structure séquentielle de la thèse :

Théocratie : Tout régime où la légitimité est fondée sur une source transcendante. Le crime y est péché, la peine une expiation, et le juge un représentant du sacré. Ce concept, tel qu'employé dans cet ouvrage, ne désigne pas uniquement les théocraties au sens strict (gouvernées par des prêtres), mais tout ordre politique où la légitimité descend d'une autorité qui transcende les hommes — divine, cosmique ou sacrée. Comte identifiait ce stade comme le premier et le plus universel de l'évolution de la pensée humaine (Comte, 1830–1842).

Weber en a fourni l'analyse sociologique canonique en distinguant la domination traditionnelle-légale de la domination charismatique-sacrée (Weber, 1921/1995). Berman a démontré comment cette structure a façonné les fondements du droit occidental jusqu'à ses transformations révolutionnaires (Berman, 1983).

La filiation structurelle : Le mode de transmission des structures logiques (faute, expiation, restauration) de la justice théocratique vers le droit pénal moderne. Cette transmission n'est pas consciente ni délibérée : elle opère par la reproduction, au sein des nouvelles institutions, des prémisses fondamentales de l'ordre précédent.

Foucault a analysé ce mécanisme dans le champ pénal : les formes modernes de punition conservent la logique de l'expiation tout en la déplaçant de la scène publique vers l'institution carcérale (Foucault, 1975). Berman en a retracé la généalogie juridique depuis le droit canonique jusqu'aux codes pénaux séculiers (Berman, 1983). Durkheim avait déjà signalé que la peine conserve, dans les sociétés modernes, une fonction expiatoire d'origine religieuse (Durkheim, 1893/2013).

La démocratie : Ordre juridique fondé sur le consentement des gouvernés, où nulle autorité ne tient sa légitimité d'une source transcendante. Rousseau en a posé le fondement théorique canonique : tout pouvoir légitime émane de la volonté générale des associés, non d'une source qui leur serait extérieure (Rousseau, 1762/2001). Locke en avait établi la prémisse anthropologique : les individus possèdent des droits naturels antérieurs à tout État, et ce dernier ne tient sa légitimité que de leur consentement (Locke, 1689/1988). Arendt a analysé la rupture opérée par les révolutions modernes comme l'instauration d'un principe de légitimité entièrement nouveau dans l'histoire politique de l'humanité (Arendt, 1963).

L'associé : L'individu comme source du droit et mandant de l'État. Statut ontologique fondamental opposé à celui de sujet. Cette catégorie est entièrement nouvelle dans l'histoire politique : avant les révolutions démocratiques, l'individu était un sujet soumis à une autorité qu'il n'avait pas constituée et à laquelle il ne pouvait opposer aucune prérogative originaire. Rousseau formule ce renversement avec précision : l'associé n'obéit qu'à la loi qu'il s'est donnée, ce qui est la seule obéissance compatible avec la liberté (Rousseau, 1762/2001). Jefferson en a formulé la version politique opératoire dans la Déclaration d'indépendance (1776). Dworkin a théorisé les conséquences juridiques de ce statut : les droits de l'associé sont des atouts qui l'emportent sur tout calcul d'utilité collective (Dworkin, 1977).

Les droits : Prérogatives inhérentes à la personne, antérieures à l'État et opposables à lui, définissant la limite du pouvoir social. Locke en a établi le fondement philosophique moderne : la vie, la liberté et la propriété sont des droits naturels que l'associé possède avant tout État et qu'aucun gouvernement ne peut légitimement lui retirer (Locke, 1689/1988).

Kant en a formulé le fondement déontologique : la personne est toujours une fin en soi, jamais simplement un moyen — ce qui exclut structurellement l'usage punitif de la souffrance comme instrument de politique publique (Kant, 1785/1994). Dworkin a précisé leur fonction juridique : les droits fonctionnent comme des barrières opposées aux prétentions de la collectivité sur l'individu (Dworkin, 1977).

Le droit : Ensemble des règles civiles régissant la vie en société. Dans L'ordre démocratique, il est L'œuvre des associés et se distingue de la morale. Cette distinction entre droit et morale est constitutive de l'ordre démocratique : l'État civil et non confessionnel ne sanctionne pas les fautes morales, mais les torts causalement identifiables entre associés. Hart a théorisé cette séparation comme le fondement du positivisme juridique moderne (Hart, 1961).

Kelsen l'a formalisée en distinguant la validité d'une norme — son appartenance au système juridique — de sa valeur morale, irréductiblement distincte (Kelsen, 1934/1999). La justice pénale, en réprimant des « fautes » qui excèdent le tort concret, franchit précisément cette frontière que l'ordre démocratique interdit de franchir.

La justice : Vertu assurant à chacun son dû. L'ouvrage questionne si sa norme corrective est théocratique ou démocratique. La définition classique remonte à Aristote : la justice corrective rétablit l'égalité perturbée par une transaction ou un tort (Aristote, Éthique à Nicomaque, V).

Rawls a reformulé cette exigence dans les termes de l'ordre démocratique : une société juste est celle qui satisferait les principes choisis derrière le voile d'ignorance — ce qui exclut des institutions dont la logique rétribue la souffrance plutôt que de réparer le tort (Rawls, 1971). L'ouvrage démontre que la justice pénale, en organisant l'expiation plutôt que la réparation, opte structurellement pour la norme théocratique de la justice, incompatible avec l'exigence démocratique.

La justice criminelle (ou pénale) : Système institutionnel chargé de réprimer les infractions, mais qui, en pratique, privilégie l'expiation sur la réparation. Beccaria en a formulé la première critique systématique dans l'ordre rationnel : la peine doit être proportionnée au tort social, non à la faute morale (Beccaria, 1764/1991). Foucault a analysé la transformation de ses formes — du supplice à la prison — en montrant que la logique expiatoire demeure intacte sous les formes séculières (Foucault, 1975).

Garland a décrit comment, à la fin du XXe siècle, la justice pénale a même accentué sa dimension rétributive au détriment de la réhabilitation (Garland, 2001). Husak a documenté l'expansion incontrôlée du champ pénal comme symptôme d'une institution sans critère de légitimité interne cohérent (Husak, 2008).

L'incompétence juridictionnelle :

Défaut d'habilitation de la justice pénale à statuer sur la faute morale dans l'espace civil (ratione personae, materiae et loci). L'incompétence juridictionnelle est une catégorie technique du droit procédural : une juridiction est incompétente lorsqu'elle statut sur une matière, des personnes ou dans un territoire pour lesquels elle n'a pas été habilitée. L'ouvrage applique cette catégorie à un niveau structurel, au sens de Kelsen : une norme peut être formellement valide et substantiellement dénuée de légitimité si sa source est viciée (Kelsen, 1934/1999).

Husak a montré, dans la perspective du droit pénal analytique, que la criminalisation d'actes qui ne causent aucun tort identifiable à autrui constitue une usurpation de compétence (Husak, 2008). La triple incompétence développée en Partie IV est la conséquence directe de cette analyse.

Le vice rédhibitoire : défaut de conception originel rendant l'institution impropre à l'usage démocratique, exigeant sa substitution complète. La métaphore est empruntée au droit civil des contrats, où le vice rédhibitoire justifie non la réparation mais la résolution du contrat. Elle est employée ici pour signifier que le défaut de la justice pénale n'est pas fonctionnel mais constitutif : aucune réforme ne peut le corriger parce qu'il est inscrit dans ses prémisses fondatrices.

Davis a formulé cette conclusion dans des termes proches : la prison ne peut pas être réformée parce que ses fonctions réelles sont incompatibles avec ses justifications déclarées (Davis, 2003). Foucault avait anticipé ce diagnostic en montrant que l'échec de la prison à réhabiliter est consubstantiel à son fonctionnement réel (Foucault, 1975). Garland a confirmé que les réformes successives n'ont pas modifié la logique de base du système (Garland, 2001).

La double injustice : Manquement contractuel de L'État (conditions sociales) suivi de la punition de L'individu produit par ce manquement. Cette notion articule deux démonstrations indépendantes. La première est criminologique : la science a établi que les comportements délinquants sont le produit mesurable de conditions sociales, économiques et structurelles que l'État avait la charge de prévenir (Wilson et Herrnstein, 1985 ; Sampson et Laub, 1993).

La seconde est contractuelle : l'État démocratique a une obligation positive envers ses associés de maintenir les conditions d'une citoyenneté effective. Wacquant a documenté comment le tournant néolibéral a simultanément réduit les protections sociales et intensifié la répression pénale des populations les plus vulnérables (Wacquant, 2009).

Western a établi statistiquement la corrélation entre inégalités structurelles et incarcération de masse (Western, 2006).

La justice restauratrice : Système fondé sur la réparation du préjudice, la protection réelle et le traitement des causes sociales. Christie en a posé le fondement théorique en montrant que les conflits entre personnes sont une « propriété » que la justice pénale confisque aux protagonistes réels au profit de l'État (Christie, 1977). Braithwaite en a développé la théorie de la « honte réintégratrice » comme mécanisme de réponse aux torts compatible avec la cohésion sociale (Braithwaite, 1989). Les méta-analyses de Sherman et Strang ont fourni la preuve empirique de sa supériorité sur les critères de satisfaction des victimes et de réduction de la récidive (Sherman et Strang, 2007).

La question que la justice pénale n'a jamais eu à affronter est simple :

D'où tiens-tu ton droit de juger l'associé souverain ?

Elle n'y a jamais répondu. Personne ne la lui avait encore posée.

Ce livre la pose.

PARTIE I — AUX ORIGINES DE LA JUSTICE PÉNALE

Avant d'être une institution juridique, la justice pénale est une idée. Et cette idée a une origine précise : elle est née dans un monde où l'univers entier est conçu comme un ordre moral divin, où la transgression n'est pas d'abord une perturbation de la vie sociale, mais une offense faite à la volonté céleste. Pour comprendre pourquoi cette idée n'a pas sa place dans l'ordre démocratique, il faut la voir naître. Il faut la voir, dans toute sa cohérence théologique, à l'œuvre.

Cette partie n'est pas un exercice d'histoire anecdotique. C'est la fondation de la démonstration. Ce que l'on établit ici — la filiation directe entre la logique théocratique et la logique pénale — rend le reste inévitable. Si la filiation est prouvée, l'incompatibilité avec l'ordre démocratique l'est également.

Il convient, avant de plonger dans l'histoire, de préciser ce que l'on entend par « filiation ». Il ne s'agit pas d'affirmer que les juristes modernes sont des théologiens qui s'ignorent, ni que les codes pénaux contemporains sont des textes sacrés déguisés.

La filiation est structurelle : elle réside dans les prémisses fondamentales sur lesquelles l'institution repose, dans les catégories avec lesquelles elle travaille, dans la logique qui organise ses réponses. Ces structures ont été formées dans un contexte théocratique. Elles ont été transmises à travers les siècles sans être fondamentalement questionnées. Et elles sont aujourd'hui encore au cœur de la justice pénale des démocraties.

La démonstration procède en trois temps.

Le Chapitre I remonte aux origines et établit, à travers quatre civilisations indépendantes incluant : judéo-chrétienne, égyptienne, zoroastrienne, mésopotamienne.

Partout, la justice pénale repose sur la même structure tripartite : une autorité transcendante, une faute morale, une expiation.

Le Chapitre II documente la transmission de cette structure à travers les siècles — de Babylone à Rome, du droit canonique aux Lumières, de Beccaria aux codes pénaux modernes.

Le Chapitre III apporte la confirmation linguistique : l'autopsie étymologique du vocabulaire pénal révèle que chaque terme porte encore en lui, intact, l'empreinte théologique de son origine.

CHAPITRE 1 — LA SCÈNE FONDATRICE

La scène fondatrice de la justice pénale est universelle. Elle ne s'est pas produite dans une civilisation particulière - elle s'est produite partout, simultanément, avec la même structure, parce qu'elle est la réponse naturelle de l'humanité au stade théologique de son développement. Cinq foyers civilisationnels distincts - la Mésopotamie, l'Égypte, la tradition judéo-chrétienne, la Perse zoroastrienne et la Grèce classique — produisent indépendamment la même institution, fondée sur les mêmes prémisses : une transgression est un péché, un péché appelle une expiation, une expiation exige une autorité qui transcende les parties. Ce chapitre documente cette convergence universelle[7].

Ce chapitre remonte au point le plus reculé que l'enquête historique permet d'atteindre : non pas la première codification du droit pénal, mais la structure d'expérience qui la précède et qui l'a rendue possible. L'enjeu n'est pas d'ordre archéologique — il est d'ordre logique.

Si la justice pénale repose sur des prémisses théologiques, ce fait doit être établi là où il est le plus visible, c'est-à-dire, aux origines, avant que la laïcisation apparente des formes n'ait recouvert la structure d'une patine séculière.

1.1 — Le premier jugement

Avant les codes. Avant les tribunaux. Avant les prisons. Il y a eu une chute.

Quatre civilisations. Quatre continents du temps et de l'espace. Quatre cosmologies sans contact démontrable entre elles. Et dans

[7] Comte (1830–1842/1975), op. cit.

chacune, la même scène : une autorité qui transcende les hommes, une transgression de l'ordre qu'elle a établi, une punition qui restaure cet ordre. Avant l'État. Avant le droit écrit. Avant toute institution au sens moderne du terme. La justice pénale est là — entière, cohérente, fonctionnelle — parce qu'elle n'a pas besoin de l'État pour exister. Elle a besoin de quelque chose d'antérieur et de plus profond : une autorité transcendante, une faute, et la nécessité que l'une réponde à l'autre.

1. — La tradition judéo-chrétienne

Dans la cosmogonie judéo-chrétienne — celle qui a forgé l'imaginaire juridique de l'Occident — le premier acte de justice n'a pas eu lieu sur terre. Un ange se révolte. Il transgresse l'ordre divin. La réponse est immédiate, absolue, sans appel : l'exclusion. La chute. Le bannissement dans les ténèbres extérieures. Non pas pour réparer un tort causé à autrui. Non pas pour protéger une communauté d'associés. Mais pour affirmer, de manière irrévocable, la suprématie de l'ordre céleste sur quiconque ose le contester.

Puis vient le Jardin d'Éden. Adam et Ève transgressent. Ils mangent du fruit interdit. L'acte n'a lésé personne. Il n'a causé aucun préjudice à un tiers. Il a simplement violé un ordre. Et la sanction tombe : l'expulsion du jardin, la malédiction du travail et de la douleur, la mort introduite dans la condition humaine.

Berman (1983) a montré que c'est précisément cette structure - interdiction divine, transgression, sanction expiatoire - qui constitue le substrat théologique dont le droit pénal occidental a hérité ses catégories fondamentales. Ces peines ne sont pas prononcées pour réparer un tort causé à quelqu'un, mais pour restaurer un ordre moral violé.

Ce récit n'est pas anecdotique. Il est fondateur. Il dit ce que la justice pénale est au fond d'elle-même : un système conçu pour affirmer la suprématie d'un ordre moral sur ceux qui le transgressent. Ce qu'il faut saisir, c'est l'absence totale de victime humaine. Personne n'a été blessé. Personne n'a subi de préjudice matériel. Et pourtant le jugement est prononcé, la peine est infligée, et l'ordre est rétabli. Cette structure — punition sans victime, sanction sans réparation — sera l'une des marques les plus durables de la justice pénale. On l'observe encore aujourd'hui quand l'État poursuit pénalement un individu contre la volonté de la victime, ou quand on incarcère quelqu'un pour un acte qui ne lèse personne directement.

Cette structure révèle trois caractéristiques constitutives de la justice pénale dans sa forme la plus pure. Premièrement, l'autorité qui juge est transcendante — elle ne tient son droit de personne d'humain.

Deuxièmement, la faute est morale avant d'être sociale — ce qui est sanctionné n'est pas le dommage causé à autrui, mais la désobéissance à un ordre qui dépasse les parties.

Troisièmement, la peine est expiatoire — elle ne répare rien, elle ne compense personne, elle restaure l'ordre cosmique perturbé par la transgression.

Ces trois caractéristiques — autorité transcendante, faute morale, expiation — constituent, selon Berman (1983), la matrice originelle de toute justice pénale, de la Genèse aux codes pénaux contemporains.

1.1.2 — La justice pénale dans la tradition égyptienne

À trois mille kilomètres du Croissant fertile, la tradition égyptienne produit une scène de jugement d'une précision institutionnelle remarquable. Westbrook (2003) rappelle que la psychéstasie — la pesée de l'âme du défunt sur la balance d'Osiris — constitue le prototype le plus achevé d'un tribunal transcendant : une autorité divine qui évalue la conformité de l'existence humaine à un ordre cosmique, non le tort causé à une victime. La structure est identique à celle du récit d'Éden : l'ordre est divin, la faute est morale, la sanction est cosmologique. Dans les deux cas, la peine ne répare pas — elle expie.

Le Livre des Morts décrit la scène avec une précision institutionnelle saisissante : le cœur du défunt est pesé contre la plume de Maât — la déesse de la justice, de l'ordre et de la vérité. Un cœur alourdi par les fautes morales incline la balance. Le verdict est prononcé par Osiris. Pour les indignes : la destruction définitive de l'âme, dévorée par la chimère Ammit. L'ordre moral de l'univers est maintenu. La faute est effacée[8].

**Le papyrus de Hunefer (vers 1275 av[9].J.-C.), conservé au British Museum, illustre avec une précision visuelle saisissante la scène du jugement : Hunefer est amené par Anubis devant la balance. Son cœur est pesé contre la plume. Thot consigne le résultat. Horus présente le défunt à Osiris. La structure est exactement celle d'un tribunal : accusation, évaluation des preuves, jugement, sanction. Mais la « preuve » n'est pas un acte observable. C'est l'état moral intérieur de l'âme. Cette primauté de l'intention morale sur l'acte matériel sera au cœur de toute la tradition pénale ultérieure.*

1.1.3 — La tradition zoroastrienne et le conflit cosmique

Dans la tradition zoroastrienne, le conflit cosmique entre Ahura Mazda et Ahriman se rejoue dans chaque acte humain. L'individu qui transgresse l'ordre moral ne fait pas que nuire à son prochain : il renforce les forces du mal dans la grande bataille cosmique. Punir le transgresseur, c'est participer à la victoire du bien sur le mal. Cette dimension métaphysique de la peine ne disparaîtra jamais entièrement du droit pénal occidental.

Dans cette cosmogonie, l'individu est un soldat dans une guerre cosmique — et chaque transgression est une trahison dans cette guerre. La justice n'est pas affaire entre hommes : elle est affaire entre

[8] Allen, J. P. (2000). Middle Egyptian: An introduction to the language and culture of hieroglyphs. Cambridge University Press. Assmann, J. (2001). The search for God in Ancient Egypt. Cornell University Press.

[9] Ibid.

l'individu et l'ordre cosmique qu'il sert ou trahit. La punition n'est pas une réponse à un tort causé à une victime — c'est une nécessité cosmique, la restauration de l'équilibre entre les forces du bien et du mal[10].

Ce que la tradition zoroastrienne confirme, c'est l'universalité de la structure : partout où l'humanité produit une justice pénale, elle la fonde sur un ordre qui transcende les parties. La transgression n'est jamais simplement un tort entre associés — elle est toujours une violation d'un ordre supérieur qui exige réparation. C'est cette structure que l'État démocratique a conservée sans la questionner[11].

1.1.4 — La tradition mésopotamienne : la loi reçue des dieux

Le prologue du Code de Hammurabi (env1. 750 av. J.-C.) est d'une franchise institutionnelle qui désarme tout commentaire : la loi descend du divin, elle est confiée à un souverain mandaté par les dieux, et elle est appliquée en leur nom. Driver et Miles (1952), dans leur commentaire exhaustif du texte babylonien, établissent que Hammurabi n'est pas le créateur de la loi — il en est le dépositaire. Westbrook (2003) confirme par ailleurs que cette structure descendante — la norme divine transmise à un souverain mandataire — se retrouve dans l'ensemble du droit du Proche-Orient ancien. Ce que Hammurabi juge n'est donc pas seulement le tort causé à la victime — c'est la transgression de l'ordre divin dont la loi est l'expression. La codification babylonienne n'a pas inventé la justice pénale : elle l'a organisée.

La règle de la lex talionis — œil pour œil, dent pour dent — est souvent présentée comme un principe de proportionnalité. C'est exact. Cependant, cette proportionnalité n'est pas celle d'une réparation civile : elle est celle d'une restauration de l'équilibre

[10] Ibid.

[11] Comte (1830–1842/1975), op. cit.

cosmique. La peine égale le tort non pas pour indemniser la victime, mais pour rétablir l'ordre que la transgression a rompu. La structure est rétributive, pas réparatrice.

« Si un constructeur construit une maison pour quelqu'un et ne la solidifie pas suffisamment, et si la maison qu'il a construite s'effondre et tue le propriétaire, ce constructeur sera mis à mort. » (Code de Hammurabi, article 229). Cet article illustre la lex talionis babylonienne dans toute sa logique : la peine n'est pas proportionnée au préjudice causé (une maison écroulée) mais à la vie prise. Elle ne répare pas la perte de la famille — elle efface la faute en égalant la mort. La structure est rétributive, pas réparatrice. Elle survivra trois millénaires[12].

1.1.5 — L'archétype rétributiviste

Cette convergence n'est pas une coïncidence — Westbrook (2003) l'a établi à travers une enquête comparatiste systématique : c'est la preuve que la justice pénale n'est pas une invention juridique particulière. C'est une invention anthropologique — la réponse que l'humanité, partout où elle s'est organisée, a donnée à la question de la transgression au stade théologique de son développement.

Ce que l'enquête comparative révèle, c'est que l'archétype rétributiviste n'est pas une solution inventée par une civilisation particulière — c'est la solution naturelle que toute organisation humaine, au stade théologique de son développement, produit face au problème de la transgression. Elle est inévitable à ce stade, parce qu'elle découle directement des prémisses de ce stade : si la transgression viole un ordre divin, la restauration de cet ordre exige une expiation proportionnelle[13].

[12] Driver (1952), op. cit.

[13] Comte (1830–1842/1975), op. cit.

Ce constat a une implication décisive pour notre démonstration : la justice pénale n'est pas le produit d'une erreur, d'une mauvaise foi ou d'une domination cynique. Elle est le produit logique et inévitable d'un stade du développement humain. Elle était nécessaire dans son temps. La question que ce livre pose n'est pas « pourquoi a-t-on inventé la justice pénale ? » — la réponse est évidente. La question est : « pourquoi la maintient-on dans un espace qui a officiellement quitté ce stade ? »

Ce qui est remarquable dans ces récits fondateurs, ce n'est pas leur antiquité. C'est leur cohérence interne. Le premier jugement possède une logique parfaite : si l'autorité vient de Dieu, si l'ordre est divin, si la loi est l'expression de la volonté céleste, alors toute transgression est nécessairement une offense au Créateur. La punition n'est pas vengeance. Elle est restauration de l'ordre cosmique.

Cette cohérence — l'idée que punir est juste en soi, non parce que cela répare ou protège, mais parce que l'ordre violé l'exige — a un nom en philosophie morale : le rétributivisme. Emmanuel Kant en a donné la formulation la plus radicale : même si la société civile devait se dissoudre demain, il faudrait auparavant exécuter le dernier meurtrier en prison. La punition est un impératif moral indépendant de toute utilité sociale[14].

Kant est souvent présenté comme un penseur de la modernité rationnelle. Mais sur ce point précis, sa pensée est la traduction philosophique d'une intuition théologique profondément enracinée. La chute des anges s'y retrouve, sous le vernis de l'impératif catégorique. C'est là l'une des preuves les plus éloquentes de la persistance de l'archétype : il survit même dans la philosophie qui se croit la plus dégagée de la théologie.

Ce que cette structure révèle — et que les développements ultérieurs de la justice pénale n'ont jamais effacé — c'est son incompatibilité

[14] Kant, I. (1785/1994). Fondements de la métaphysique des mœurs (V. Delbos, trad.). Vrin.

fondamentale avec tout ordre qui ne repose pas sur une autorité transcendante. Sans autorité transcendante, il n'y a pas de faute morale au sens pénal — il n'y a que des torts entre personnes. Sans faute morale, il n'y a pas d'expiation — il n'y a que réparation et prévention. La justice pénale est ce qu'elle est parce qu'elle est née là où elle est née.

CHAPITRE 2 — LA JUSTICE PÉNALE DE BABYLONE À L'INQUISITION

Si le chapitre précédent a établi la structure originelle de la justice pénale dans ses formes les plus anciennes, celui-ci pose la question de la durée : comment cette structure a-t-elle traversé vingt-cinq siècles d'histoire, de transformations politiques, de ruptures culturelles, sans perdre ses prémisses fondamentales ? La réponse que ce chapitre développe est précise et contre-intuitive : la justice pénale n'a pas survécu malgré ses prémisses théologiques — elle a survécu grâce à elles.

La filiation n'est pas une métaphore : c'est une transmission documentable de système en système. Cette section suit le fil de Babylone au Sinaï, du Sinaï à l'Inquisition, en montrant à chaque étape comment les trois caractéristiques structurelles se reproduisent à l'identique malgré les siècles et les civilisations.

2.1 — La transmission

La transmission de la justice pénale de civilisation en civilisation n'est pas le fait du hasard. Elle suit des canaux documentables — conquêtes, échanges diplomatiques, influence religieuse, adoption de codes juridiques. Ce qui se transmet n'est pas simplement un ensemble de règles : c'est une prémisse fondamentale sur la nature de la transgression et la légitimité de la réponse institutionnelle. Cette prémisse traverse vingt-cinq siècles d'histoire sans être remise en cause dans ses fondements — jusqu'aux révolutions démocratiques qui auraient dû l'emporter[15].

Une institution qui survit vingt-cinq siècles sans que ses prémisses fondamentales soient remises en question n'est pas une institution ordinaire. C'est une institution qui porte en elle quelque chose que les sociétés qui la transmettent considèrent comme indispensable —

[15] Berman (1983), op. cit.

non pas à leur fonctionnement pratique, mais à leur cohérence cosmologique. La justice pénale n'a pas traversé les millénaires malgré ses prémisses théologiques. Elle les a traversés grâce à elles.

2.1.1 — Babylone et son système de justice

Babylone, 1750 avant notre ère[16].Au centre de l'architecture juridique babylonienne, une stèle de basalte noir sur laquelle le roi Hammurabi reçoit les lois directement du dieu Shamash. La loi n'est pas le produit de la délibération humaine. Elle descend du ciel. Driver et Miles (1952) montrent qu'Hammurabi explique dans le préambule de son code que les dieux Anum et Enlil lui ont confié la royauté pour que la justice brille dans le pays. Le roi est le mandataire des dieux. Sa loi est leur volonté. La transgression est une offense au mandat divin.

Ce détail révèle la sophistication juridique babylonienne — mais il ne modifie pas la prémisse fondamentale. Les règles babyloniennes de responsabilité objective sont des règles techniques qui opèrent à l'intérieur d'un cadre cosmologique où l'autorité descend d'en haut et où la justice est l'expression de la volonté divine transmise au souverain[17].

Ce qui importe pour notre démonstration, c'est moins le contenu des règles babyloniennes que leur architecture. Hammurabi ne légifère pas — il reçoit et transmet. Son Code n'est pas l'œuvre d'une assemblée délibérante — c'est la transcription d'une révélation. Cette architecture de la légitimité descendante est précisément celle que la démocratie a renversée — et que la justice pénale continue d'incarner dans l'espace démocratique[18].

[16] Driver (1952), op. cit.

[17] Ibid.

[18] Ibid.

Il faut souligner ici une subtilité souvent négligée : le Code de Hammurabi contient des dispositions qui ressemblent à du droit civil — des règles sur les contrats, les salaires, les successions. Mais ces dispositions sont encadrées, légitimées et sanctionnées par la même autorité divine. La distinction entre le civil et le pénal n'existe pas encore : tout est ordre divin, tout est sacré, tout appelle une réponse qui dépasse le simple règlement du conflit entre les parties. C'est précisément cette indistinction qui sera progressivement défaite dans les sociétés démocratiques — sauf dans le domaine pénal.

2.1.2 — Le droit mosaïque et la justice pénale

Le droit mosaïque radicalise cette structure. Les Tables de la Loi ne sont pas le produit d'une assemblée délibérante. Elles descendent du Sinaï. Dieu les grave de son doigt. Elles sont absolues, universelles, éternelles. Leur violation n'est pas seulement une infraction sociale : c'est un péché contre Dieu lui-même. Ce qui est remarquable, c'est la fusion parfaite entre la loi morale, la loi religieuse et la loi civile : trois catégories qui ne font qu'une seule réalité[19].

Lévitique 24:16 établit que quiconque blasphème le nom de Dieu doit être mis à mort par lapidation. La communauté entière doit participer à l'exécution. Cette disposition illustre parfaitement la structure théocratique : le crime n'a pas de victime humaine. Il n'a causé aucun préjudice matériel. Mais l'offense à l'ordre divin est la plus grave qui soit. La participation collective à la punition rétablit l'ordre communautaire et la piété collective. Cette logique — crime sans victime, punition collective, rétablissement de l'ordre symbolique — structurera la justice pénale pendant des millénaires.

C'est cette fusion que le droit pénal occidental conservera bien après la séparation nominale entre l'Église et l'État. La distinction moderne

[19] Op. cit.

entre l'actus reus — l'acte matériel — et le mens rea — l'intention coupable — est directement héritée de la tradition canonique médiévale, qui distinguait entre le péché matériel et le péché formel. L'empreinte est littérale, traçable à travers les textes[20].

Cette fusion du religieux et du juridique dans la tradition mosaïque n'est pas une anomalie orientale que l'Occident aurait corrigée. Elle est, au contraire, le modèle que le droit canonique occidental a directement reproduit — et dont le droit pénal moderne est l'héritier structurel. La séparation nominale entre l'Église et l'État n'a pas effacé cette architecture fondamentale : elle a simplement substitué « la société » à Dieu comme référence transcendante de la condamnation morale[21].

2.1.3 — De Babylone à Rome : la laïcisation apparente

Rome est souvent présentée comme le moment de la laïcisation du droit occidental. Cette présentation est partiellement juste et fondamentalement trompeuse. Elle est partiellement juste parce que Rome a effectivement développé une distinction entre le fas — la loi sacrée — et le ius — la loi civile. Mais elle est fondamentalement trompeuse parce que le droit pénal romain — le ius criminale — n'a jamais opéré cette séparation dans ses prémisses. Les crimina restaient des actes qui perturbent non seulement l'ordre civil, mais l'ordre sacré de la res publica. La poena conservait sa dimension expiatoire.

La laïcisation romaine est, en réalité, une laïcisation de surface : le ius criminale a conservé la dimension expiatoire des crimina, perçus

[20] Brundage, J. A. (1995). Medieval canon law. Longman. Fletcher, G. P. (1978). Rethinking criminal law. Oxford University Press.

[21] Ibid.

comme des offenses à l'équilibre sacré de la cité. La structure théologique demeurait intacte sous l'appareil législatif civil.

Berman (1983) souligne que cette permanence de la structure expiatoire sous la surface laïcisée du droit romain est précisément ce qui rend la séparation entre droit civil et droit pénal, dans la tradition occidentale, fondamentalement incomplète. Les prémisses de la justice pénale sont intactes.

Mais la laïcisation romaine est incomplète dans ses prémisses. Le droit romain distingue le fas — la loi sacrée — et le ius — la loi civile. Mais même dans l'ordre civil, les catégories de la faute morale et de l'expiation demeurent présentes. Le crimen romain est plus que le tort civil : c'est la transgression d'un ordre qui dépasse les parties. Et la poena romaine est plus que la réparation : c'est la sanction proportionnée à la gravité morale de la faute[22].

C'est ce syncrétisme — ni pleinement théocratique ni pleinement civil — qui rend le droit romain si précieux pour notre démonstration. Il montre que le passage du stade théologique au stade civil n'est pas une rupture nette : c'est une transition progressive qui conserve les catégories de l'ancien ordre sous de nouveaux noms. C'est exactement ce que Comte appelait le stade métaphysique[23].

2.1.4 — Le droit canonique et la justice pénale

Le Decretum de Gratien (env11. 40) en est la synthèse fondatrice et la formulation la plus cohérente que la justice pénale ait jamais reçue.

[22] Liddell, H. G., & Scott, R. (1940). A Greek-English Lexicon (9e éd.). Oxford University Press, entrée « poiné ». Aeschylus, The Oresteia (trad. R. Fagles, 1977). Penguin Classics.

[23] Comte (1830–1842/1975), op. cit.

Peters (1988) a documenté en détail comment ce cadre canonique, culminant dans la procédure inquisitoriale, a transmis intact l'édifice théologique au droit occidental. Dans ce cadre, rien n'est laissé à l'ambiguïté.

La transgression est le péché — violation de la loi divine. La peine est médicinale au sens augustinien : elle guérit l'âme du pécheur en lui infligeant la souffrance qui détourne du vice. Le juge ecclésiastique n'exerce pas un pouvoir humain — il exerce une délégation divine. C'est dans ce cadre que naît la procédure inquisitoriale et avec elle l'aveu comme regina probationum, la reine des preuves. Cette primauté de l'aveu n'est pas une aberration procédurale : elle est la conséquence logique des prémisses.

2.1.5 — La justice pénale à l'ère de l'inquisition

Paris, 1307. Des chevaliers Templiers sont arrêtés sur ordre du roi Philippe IV, avec la bénédiction du pape Clément V. Les accusations : hérésie, blasphème, pratiques sacrilèges. Le tribunal est l'Inquisition. Les juges sont des théologiens. La procédure vise à obtenir l'aveu — non parce que la preuve est insuffisante, mais parce que l'aveu est la reconnaissance publique de la faute morale. La condamnation au bûcher n'est pas une peine proportionnée à un préjudice causé. C'est la destruction du pécheur pour protéger la pureté de l'ordre chrétien[24].

Jacques de Molay, Grand Maître des Templiers, est arrêté en 1307 et soumis à la torture. Il avoue des crimes dont il se rétracte plus tard. Après sept ans de procédure, il est condamné à la prison à vie. Quand il se rétracte publiquement en 1314, il est brûlé vif le jour même. Ce qui est instructif n'est pas la cruauté de la procédure — c'est sa cohérence interne. La rétractation était la preuve ultime de

[24] Peters, E. (1988). Inquisition. University of California Press. Barber, M. (1978). The trial of the Templars. Cambridge University Press.

l'impénitence. L'impénitent ne pouvait être laissé en vie. La logique est implacable — et entièrement théologique.

La torture inquisitoriale n'est pas une aberration : c'est une conséquence logique du système. Si ce qui est jugé est l'état moral intérieur de l'accusé, alors l'aveu est la preuve ultime. Et si l'aveu ne vient pas librement, les moyens de l'obtenir sont justifiés par l'importance de la cause. La torture est théologiquement rationnelle dans ce cadre. C'est sa rationalité même qui est effrayante[25].

Ce que l'Inquisition révèle avec une clarté brutale, c'est la logique profonde de tout système pénal fondé sur le jugement moral : lorsqu'on cherche à juger la faute intérieure plutôt que le tort externe, on est inévitablement conduit à des méthodes qui cherchent à forcer l'accès à cette intériorité. La torture inquisitoriale est la conséquence logique d'une institution dont l'objet est la mens rea — l'intention coupable, la volonté mauvaise[26].

Cette logique n'a pas disparu avec l'Inquisition. Elle s'est simplement humanisée dans ses méthodes — les interrogatoires sous contrainte psychologique ont remplacé la torture physique, mais l'objectif reste le même : obtenir l'aveu qui révèle la culpabilité intérieure[27].

2.1.6 — Les Lumières et l'apport de Beccaria

Cesare Beccaria, dans Des délits et des peines (1764[28]), applique la raison des Lumières à la question pénale avec une audace

[25] Foucault, M. (1975). Surveiller et punir : Naissance de la prison. Gallimard. Given, J. B. (1997). Inquisition and medieval society. Cornell University Press.

[26] Peters (1988), op. cit.

[27] Ibid.

[28] Beccaria, C. (1764/1991). Des délits et des peines (F. Hélie, trad.). Flammarion.

remarquable : il conteste la torture, conteste la peine de mort, conteste la disproportion des peines. Son argument est utilitaire — les peines doivent être proportionnées à leur efficacité dissuasive, non à la gravité métaphysique de la faute. Mais Beccaria ne questionne jamais la légitimité de la justice pénale elle-même. Il accomplit précisément ce que Comte identifiait comme le geste propre du stade métaphysique : il critique les formes de l'institution théologique sans en remettre en cause les prémisses. Il humanise — il ne substitue pas[29].

Beccaria réforme l'institution. Il ne remet pas en question son existence. Il humanise l'orpheline[30]; il ne lui demande pas son titre. Et c'est cette absence de questionnement fondamental qui définit la limite de toute la tradition réformiste pénale jusqu'à aujourd'hui. La lignée qui suit Beccaria — Howard, Bentham, Foucault — accomplit le même geste pendant deux siècles et demi : critiquer les formes de l'institution théologique sans en remettre en cause les prémisses.

L'apport de Beccaria est immense — et sa limite est tout aussi révélatrice. Il a humanisé la procédure pénale. Il a imposé le principe de légalité. Il a limité l'arbitraire du juge. Il a réduit les peines cruelles. Tout cela est réel et important.

Toutefois, Beccaria n'a jamais posé la question que ce livre pose : la justice pénale est-elle légitime dans l'espace démocratique ? Il a travaillé dans la logique de son temps — la logique des Lumières, qui cherche à rationaliser les institutions existantes, non à les remplacer par des institutions d'un ordre radicalement différent. Il a apporté la raison dans la justice pénale. Il n'a pas demandé si la justice pénale appartenait à l'ordre de la raison démocratique[31].

[29] Ibid.

[30] Beccaria, C. (1764/1991). Des délits et des peines. Flammarion. Sur la critique de la peine de mort et la proportionnalité des peines.

[31] Beccaria (1764/1991), op. cit.

2.1.7 — La transmission du fossile aux codes pénaux modernes

Le Code pénal français de 1791 — premier code pénal de l'ère démocratique — maintient la structure tripartite : infraction, culpabilité, peine. Les termes ont changé : on ne parle plus de péché mais de délit, plus d'expiation mais de peine, plus de faute morale devant Dieu mais de responsabilité pénale devant la société. Mais la logique est identique : un individu est déclaré coupable d'une faute morale — la mens rea, l'intention coupable, reste le cœur du droit pénal moderne — et puni en conséquence. La mens rea est la culpa augustinienne en habit juridique. La dette envers la société est la dette envers Dieu en habit républicain.

Le chapitre I.2 a documenté la transmission de cette structure à travers Rome, le droit canonique, les codifications royales, jusqu'aux codes pénaux modernes. À chaque étape, les prémisses fondamentales sont restées intactes : autorité transcendante, faute morale, expiation. Les termes ont changé ; les prémisses, elles, ne l'ont pas. La justice pénale moderne n'est que la justice pénale théologique en habit métaphysique.

Ce que le Code pénal de 1791 révèle — et que les codes pénaux de toutes les démocraties ont reproduit depuis — c'est l'incapacité du moment révolutionnaire à concevoir une institution de gestion des conflits qui soit radicalement différente de celle qu'il héritait. Les révolutionnaires ont changé les noms : l'infraction a remplacé le péché, la peine a remplacé l'expiation formelle, l'État a remplacé Dieu comme source de la condamnation. Mais la structure tripartite — transgression, culpabilité, punition — est restée intacte[32].

C'est le propre du stade métaphysique de transition, tel que Comte l'a décrit : on substitue des entités abstraites aux agents surnaturels de

[32] Assemblée nationale constituante (1791). Code pénal du 25 septembre - 6 octobre 1791. Carbasse, J.-M. (2000). Histoire du droit pénal et de la justice criminelle. PUF.

l'ancien ordre, mais on conserve la même logique fondamentale. La « société » remplace Dieu. L'État remplace l'Église. Mais le jugement moral reste le centre de l'institution[33].

2.1.8 — 1789 et ses défis

Pour comprendre ce qui ne s'est pas passé en 1789, il faut se représenter l'ampleur de la tâche que les révolutionnaires avaient devant eux. En quelques années, ils abolissaient des structures millénaires. Dans ce contexte de reconstruction totale, la justice pénale n'a pas été questionnée. Non pas parce que les révolutionnaires manquaient d'intelligence. Mais parce qu'ils n'avaient pas développé la question de fond. Ils avaient posé la question de comment punir. Ils n'avaient pas posé la question de si l'État démocratique avait le droit de punir au sens pénal du terme.

Arendt (1963) a montré que les révolutionnaires de 1776 et 1789 avaient accompli une rupture totale dans l'ordre politique sans disposer des outils conceptuels pour interroger les institutions judiciaires héritées. Cette lacune n'était pas une négligence — c'était une limite structurelle de leur horizon intellectuel, au sens précis que Comte donnait à cette expression.

Ce qui ne s'est pas passé en 1789, c'est la question que personne n'a posée : « L'institution pénale que nous héritons est-elle compatible avec l'ordre que nous venons de proclamer ? » Cette question était posable. Elle n'était pas inimaginable. Beccaria venait de démontrer qu'on pouvait penser la justice pénale avec les outils de la raison. La Déclaration des droits de l'homme venait de proclamer que l'individu est la source du pouvoir.

La question n'a pas été posée — non par malveillance, mais par l'incapacité propre au moment de transition à percevoir les

[33] Comte (1830–1842/1975), op. cit.

contradictions qu'il introduit. C'est ce que ce livre appelle l'anomalie que personne n'a nommée — jusqu'à maintenant[34].

CHAPITRE 3 — L'AUTOPSIE DU VOCABULAIRE DE LA JUSTICE PÉNALE

Ce chapitre apporte une confirmation d'un ordre différent des deux précédents : non plus historique ou logique, mais linguistique. Il s'appuie sur une évidence que nul défenseur de la justice pénale ne peut écarter, parce qu'elle est inscrite dans les termes mêmes qu'il emploie pour la défendre. L'étymologie n'est pas un argument rhétorique — c'est une archive. Les mots conservent dans leur structure la mémoire de l'ordre qui les a produits, indépendamment des rationalisations ultérieures qui ont prétendu les laïciser.

Il existe une preuve de la thèse de ce livre que nul réformateur, nul défenseur de la justice pénale ne peut contester — parce qu'elle est inscrite dans les mots mêmes qu'ils emploient pour la défendre. Cette preuve est linguistique. Elle ne demande ni philosophie ni jurisprudence : elle demande seulement d'ouvrir un dictionnaire étymologique et de lire ce qui s'y trouve.

3.1 — La preuve linguistique

Les mots sont des fossiles vivants. Ils portent en eux la mémoire de l'ordre qui les a produits, indépendamment de la volonté de ceux qui les emploient aujourd'hui. L'autopsie du vocabulaire central de la justice pénale est la démonstration la plus directe et la moins contestable de sa filiation théologique : les termes que l'État démocratique utilise chaque jour pour juger ses associés ne sont pas

[34] Assemblée nationale constituante (1791). Code pénal du 25 septembre-6 octobre 1791. Carbasse, J.-M. (2000). Histoire du droit pénal et de la justice criminelle. PUF.

des mots neutres. Ce sont les mots de la théocratie, hérités sans examen, reconduits sans questionnement. Leurs racines pointent toutes vers le même ordre — divin, sacré, transcendant[35].

3.1.1 — Peine

Le mot peine est le terme central du droit pénal. Son étymologie est d'une transparence qui désarme : il vient du latin poena, lui-même calque direct du grec poinê (ποινή). Dans la Grèce ancienne, poinê désignait la compensation due aux dieux ou aux puissances cosmiques en réparation d'une transgression de l'ordre sacré — non la compensation due à la victime humaine. La poinê était une dette cosmologique, non une dette civile. Quand un juge contemporain prononce une peine d'emprisonnement, il emploie un mot dont chaque syllabe porte cette prémisse[36].

Cette étymologie n'est pas un détail philologique. Elle est une démonstration. Si la justice pénale avait été conçue dans l'espace démocratique — si elle avait été produite par l'ordre qui reconnaît l'associé souverain — elle n'aurait pas utilisé ce mot. Elle aurait inventé un vocabulaire civil : réparation, compensation, protection. Le fait qu'elle utilise peine — dont la racine pointe vers les dieux et l'expiation — est la preuve la plus directe qu'elle n'a pas été conçue dans cet espace.

Les mots trahissent les prémisses. Et les prémisses de la justice pénale, telles que révélées par son vocabulaire, appartiennent à l'ordre théologique qu'elle prétend avoir quitté[37].

[35] Liddell (1940), op. cit.

[36] Ibid.

[37] Ibid.

3.1.2 — Culpabilité

Le terme culpabilité remonte au latin culpa — la faute morale dans sa dimension religieuse et philosophique. La culpa dans la tradition latine n'est pas simplement une erreur ou un dommage : c'est une défaillance morale de la volonté. Augustin d'Hippone en fait le concept central de sa théologie du péché originel. Cette culpa augustinienne est exactement ce que le droit pénal moderne appelle la mens rea : l'intention coupable, l'élément moral de l'infraction sans lequel il n'y a pas de crime au sens juridique du terme.

Berman (1983) a retracé avec précision la trajectoire par laquelle la culpa augustinienne est entrée dans le vocabulaire juridique laïc via le droit canonique médiéval, constituant ainsi le lien documenté entre théologie et technique pénale.

Ce terme n'est pas une métaphore — c'est une catégorie théologique directement transplantée dans le droit civil. Chaque fois qu'un tribunal démocratique déclare un accusé « coupable », il utilise le vocabulaire de la théologie augustinienne du péché originel. Il prononce un jugement moral — non un constat civil du tort causé.

La catégorie civile équivalente — la responsabilité — existe et est distincte. La responsabilité civile ne juge pas la nature morale de l'auteur : elle constate qu'un tort a été causé et en tire les conséquences réparatrices. La culpabilité pénale juge la nature morale — elle dit que l'auteur est moralement défaillant, que sa volonté était mauvaise. Cette distinction n'est pas sémantique — elle est structurelle[38].

3.1.3 — Pénitencier

Le mot pénitencier vient directement de pénitence — du latin paenitentia, la pénitence, le repentir, l'acte de regretter sa faute devant Dieu. Dans l'Église catholique, la pénitence est l'un des sept

[38] Oxford Latin Dictionary (1968), entrée « paenitentia ». Tentler, T. N. (1977). Sin and Confession on the Eve of the Reformation. Princeton University Press.

sacrements : elle rétablit la relation entre le pécheur et Dieu après la faute. Quand les sociétés démocratiques appellent leurs prisons des pénitenciers, elles utilisent le vocabulaire du sacrement catholique pour nommer une institution sécularisée. La contradiction est dans le mot lui-même[39].

Fondé en 1829, l'Eastern State Penitentiary de Philadelphie est le premier pénitencier américain conçu sur le modèle quaker de la rédemption par la solitude et la prière. Son architecture en étoile rayonnante était explicitement conçue pour faciliter l'introspection morale. Chaque détenu était isolé dans sa cellule avec une Bible. Le but officiel : la pénitence, la réflexion sur sa faute, la conversion morale. Ce n'était pas une prison. C'était un monastère laïcisé. Le fait qu'une démocratie naissante ait construit un tel édifice comme réponse à la criminalité dit tout sur l'inachèvement de la transition.

3.1.4 — Expiation et rédemption

Expiation vient du latin expiare — purifier une souillure rituelle, apaiser les dieux offensés par un sacrifice ou une souffrance. Rédemption — du latin redemptio, le rachat — est encore plus explicitement théologique : c'est le terme par lequel la théologie chrétienne désigne le sacrifice du Christ comme prix payé pour racheter l'humanité de sa dette envers Dieu. Quand le discours pénal contemporain parle de rédemption du condamné — sa réhabilitation, son retour dans la communauté — il emploie un terme dont la structure profonde est celle du sacrifice expiatoire[40].

Ces deux termes sont les plus révélateurs de tous. L'expiation et la rédemption ne sont pas des concepts juridiques laïcisés — ce sont

[39] Ibid.

[40] Anselme de Cantorbéry (1098). Cur Deus Homo. Whitman, J. Q. (2008). Harsh Justice. Oxford University Press.

des concepts théologiques purs, dont le sens premier et originel est la relation entre l'individu et Dieu.

Quand un système pénal « réhabilite » un condamné — quand il lui permet de « payer sa dette à la société » — il reproduit exactement la logique de la rédemption chrétienne : le pécheur qui a accompli sa pénitence est réconcilié avec l'ordre moral, sa faute est effacée, il peut réintégrer la communauté des fidèles. La « société » démocratique joue ici le rôle de Dieu — ce qui révèle précisément le caractère théologique de la fonction que la justice pénale remplit dans l'espace qui prétend avoir renoncé au transcendant[41].

3.1.5 — Ce que le vocabulaire démocratique aurait dit

Pour mesurer l'amplitude de l'inachèvement, il suffit d'imaginer ce que le vocabulaire d'un système véritablement démocratique de gestion des conflits aurait produit :

Non des pénitenciers — mais des centres de responsabilisation.

Non la culpabilité — mais la responsabilité civile.

Non des peines — mais des mesures de réparation et de protection.

Non la réhabilitation — mais la réintégration.

Non le casier judiciaire — mais le suivi civil.

Ces mots n'existent pas dans nos systèmes pénaux parce que nos systèmes pénaux n'ont pas été conçus dans un cadre démocratique. Ils ont été hérités d'un cadre théocratique et légèrement habillés de langage séculier. Mais le vêtement ne change pas le corps. Et le corps, comme le vocabulaire le révèle, est théologique.

Ce contraste est instructif à deux titres. Il montre d'abord que la justice démocratique n'est pas une utopie sans vocabulaire — les mots pour la décrire existent, ils sont simplement absents du vocabulaire pénal parce que les institutions correspondantes n'ont

[41] Ibid.

pas été créées. Il montre ensuite que le vocabulaire pénal actuel n'est pas neutre — c'est un vocabulaire chargé de prémisses théologiques que l'ordre démocratique transporte sans les avoir choisies[42].

Chaque fois que l'État démocratique prononce le mot « coupable » plutôt que « responsable », « peine » plutôt que « réparation », « pénitencier » plutôt que « centre de réintégration », il révèle, dans son vocabulaire même, qu'il n'a pas achevé la transition qu'il proclame avoir accomplie.

3.1.6 — Le résultat de l'autopsie

L'autopsie du vocabulaire établit que la filiation théologique n'est pas une thèse historique contestable — c'est plutôt une réalité linguistique incontestable. Les mots qu'elle emploie aujourd'hui sont les mots de la théocratie — reformulés, laïcisés en surface, mais structurellement identiques dans leur prémisse profonde.

En somme, la Partie I est ainsi close à trois niveaux distincts et complémentaires. Il y a le niveau anthropologique, le niveau historique, et le niveau linguistique. Ces trois niveaux ensemble constituent une démonstration que la réforme ne peut pas atteindre — parce qu'elle ne touche pas les prémisses.

La Partie I a établi la démonstration à travers trois voies convergentes. La voie anthropologique a montré que cinq civilisations indépendantes ont produit la même institution avec les mêmes prémisses — démontrant que la justice pénale est la réponse naturelle et universelle du stade théologique à la transgression. La voie historique a suivi la transmission documentable de cette institution de Babylone aux codes pénaux modernes. La voie linguistique a confirmé par l'étymologie ce que les deux autres avaient établi par l'histoire et la logique.

[42] Liddell (1940), op. cit.

Ensemble, ces trois voies convergent vers une seule conclusion : la justice pénale est une institution théologique dans tous ses éléments constitutifs — dans ses origines, dans sa transmission, et dans son vocabulaire. Cette conclusion est la fondation sur laquelle les cinq parties suivantes construisent la démonstration de son incompatibilité avec l'ordre démocratique[43].

Il est démontré que la justice pénale est fille légitime de la théocratie. De façon irréversible, la filiation y est établie. Ce qu'on n'a pas remarqué c'est la transition de la théocratie a la démocratie. Nous tacherons de les voir.

[43] Berman (1983), op. cit.

PARTIE II — LA TRANSITION DE LA THÉOCRATIE VERS LA DÉMOCRATIE

Dans la Partie I, il a été établi les origines et la filiation de la justice pénale. Née dans l'ordre théocratique, elle en porte la structure et le vocabulaire, elle en reproduit la logique fondamentale. Ce constat ne serait qu'une curiosité historique si l'ordre dans lequel nous vivons était resté théocratique. Mais il ne l'est pas.

Quelque chose a changé - quelque chose d'immense, d'irréversible, qui devait tout transformer. Les révolutions démocratiques du XVIIIe siècle ont accompli une mutation philosophique sans précédent. Elles ont déplacé la source du droit : du ciel vers la terre, de Dieu vers l'individu. C'est cette mutation et son inachèvement délibéré à l'endroit précis de la justice pénale que cette partie examine.

La Partie I a établi que la justice pénale est née dans la théocratie et y appartient structurellement. La Partie II établit que la transition démocratique a produit un individu radicalement différent de celui pour lequel la justice pénale a été conçue. Ces deux faits, pris ensemble, produisent la contradiction constitutive de l'État hybride : une institution théologique dans un espace démocratique, une réponse au sujet dans un monde d'associés[44].

Ce n'est pas une contradiction que le temps résoudra par usure. C'est une contradiction que la logique exige de résoudre par substitution. Et la première étape est de la nommer pour ce qu'elle est — non une imperfection administrative, mais un anachronisme structurel inscrit au cœur de l'ordre qui prétend l'avoir dépassé.

La démonstration qui suit exige du lecteur un déplacement préalable. Non pas un effort d'imagination, plutôt un effort de rigueur. Il s'agit de quitter, provisoirement mais complètement, le sol de l'ordre théocratique depuis lequel la justice pénale a toujours été pensée, et

[44] Arendt (1963), op. cit.

d'entrer dans la logique de l'État civil et non confessionnel depuis ses propres principes constitutifs.

Ce déplacement est l'acte intellectuel que les révolutionnaires de 1776, 1789 et 1804 ont accompli pour la politique - et qu'ils n'ont pas accompli pour la justice.

Depuis le sol démocratique, la même institution apparaît différemment. Elle n'est plus évidente - elle est anomalie. Elle n'est plus naturelle - elle est héritée. Elle n'est plus cohérente avec l'ordre qu'elle prétend servir - elle le contredit dans ses prémisses les plus fondamentales.

Chapitre 2.1 — Du sujet à l'associé

La mutation qui s'opère entre le sujet et l'associé n'est pas une réforme graduée — c'est un renversement total de la relation entre l'individu et l'autorité. Le sujet reçoit la loi d'une autorité qui le transcende. L'associé co-produit la loi qu'il s'est lui-même donnée. Ces deux figures ne sont pas deux degrés d'une même catégorie — elles sont deux catégories ontologiquement distinctes, incompatibles, mutuellement exclusives. Ce chapitre établit la nature de cette mutation et ses conséquences pour toute institution qui prétend opérer dans l'espace démocratique[45].

Ce chapitre examine trois points essentiels : la mutation ontologique du sujet en associé, l'anomalie de l'orpheline théocratique laissée dans la maison démocratique, et la contradiction structurelle que cette cohabitation produit jusqu'à aujourd'hui.

La révolution démocratique a accompli une mutation profonde de la condition humaine. En droit, l'individu n'est plus un sujet soumis à

[45] Rousseau, J.-J. (1762/2001). Du contrat social (B. Bernardi, Éd.). Flammarion. La formulation canonique de la légitimité ascendante et de la volonté générale.

l'autorité divine, il est un associé souverain qui fonde l'ordre juridique par son consentement.

Ce changement de statut n'est pas rhétorique. Il est ontologique — il porte sur la nature même de ce qu'est un individu en face de l'autorité politique. Le sujet est défini par sa soumission. L'associé est défini par sa souveraineté. On ne peut pas être les deux simultanément dans le même rapport à la même institution[46].

Et pourtant, c'est précisément ce que l'État démocratique demande à ses membres d'être : associés souverains devant la Constitution, sujets moraux devant le tribunal pénal. Cette double identité n'est pas une richesse — c'est une contradiction que la justice pénale impose à chaque citoyen qui y est soumis.

1.2.2 — La scène fondatrice : trois révolutions, une seule idée

Versailles, mai 1789. Les députés du Tiers état se proclament Assemblée nationale. C'est un acte juridiquement révolutionnaire. Pour la première fois, des hommes affirment qu'ils sont la nation souveraine, que la loi vient d'eux, qu'ils ne la reçoivent pas — ils la créent[47].

Virginie, 1776. Thomas Jefferson écrit que tous les hommes sont créés égaux, dotés de droits inhérents — non pas accordés par un roi, non par une Église, mais inhérents à la nature de l'homme. Et que les gouvernements sont institués pour garantir ces droits par le consentement des gouvernés[48].

[46] Locke, J. (1689/1988). Two treatises of government (P. Laslett, Éd.). Cambridge University Press, §§ 95-99.

[47] Ibid.

[48] Jefferson, T. (1776). Déclaration d'indépendance. Dworkin, R. (1977). Taking Rights Seriously. Harvard University Press.

Ce geste — se proclamer Assemblée nationale sans mandat royal, au nom de la nation souveraine — est la première instance documentée de la légitimité ascendante dans l'histoire moderne. Ce n'est pas une réforme de l'ordre ancien. C'est sa négation fondamentale : pour la première fois, des hommes affirment tenir leur pouvoir non d'un roi, non d'un Dieu, mais d'eux-mêmes et de ceux qui les ont mandatés[49].

La conséquence logique de cet acte — que les révolutionnaires n'ont pas tirée dans le domaine pénal — est que toute institution qui prétend tenir son pouvoir d'une source transcendante est, dans cet espace, structurellement illégitime. La justice pénale, héritière de cet ordre transcendant, aurait dû être emportée par cette logique. Elle ne l'a pas été.

Haïti, 1804. Des hommes réduits à l'état de biens meubles proclament une république indépendante. La révolution haïtienne radicalise le principe : si l'individu est la source du droit, alors tout individu, sans exception de race, de condition, de naissance, est un associé[50].

Trois révolutions. Deux continents. Une seule idée : « L'individu n'est plus sujet d'une autorité qui le transcende. Il en est la source ».

En une seule nuit du 4 août 1789, à l'Assemblée constituante française, les nobles et le clergé renoncent volontairement à leurs privilèges féodaux. Les dîmes, les corvées, la justice seigneuriale, les offices vénaux — tout est aboli en quelques heures. Mais la justice pénale, elle, n'est pas mentionnée dans cette nuit de renoncements. Elle survivra intacte à la dissolution de l'ordre qui l'avait créée.

[49] Ibid.

[50] Fick, C. (1990). The Making of Haiti. University of Tennessee Press. Buck-Morss, S. (2009). Hegel, Haiti, and Universal History. University of Pittsburgh Press.

1.2.3 — L'apport des théoriciens du contrat social

Ce n'est pas de l'hypocrisie — c'est de l'aveuglement, propre à tout moment de transition. On renverse ce qu'on voit. On ne renverse pas ce qu'on ne perçoit pas encore comme appartenant à l'ordre renversé. La justice pénale n'a pas été perçue comme un héritage théologique parce qu'elle s'était si bien fondue dans le paysage institutionnel qu'elle semblait faire partie de l'ordre naturel des choses[51].

La rupture démocratique n'est pas d'abord une révolution politique - c'est une révolution philosophique. Avant que les révolutionnaires de 1776 et de 1789 renversent les trônes, des philosophes avaient renversé quelque chose de plus fondamental : la direction de la légitimité. Dans l'ordre théocratique, la légitimité descend — de Dieu au roi, du roi à l'Église, de l'Église aux sujets. Dans l'ordre démocratique, elle monte — des individus à leurs représentants, des associés à l'État qu'ils constituent.

Thomas Hobbes pose le premier les fondations. L'état de nature hobbesien est la guerre de tous contre tous — bellum omnium contra omnes — un état de violence permanente. Les individus acceptent de transférer leur droit naturel à un souverain — le Léviathan — non parce que ce souverain est investi d'une mission divine, mais parce que ce transfert est rationnellement préférable à la guerre permanente. La légitimité du Léviathan est contractuelle, non théologique. (Hobbes, 1651)[52]

John Locke franchit un pas supplémentaire décisif. Pour lui, les individus possèdent déjà des droits antérieurs à tout État : la vie, la liberté, la propriété. Ces droits ne sont pas conférés par l'État — ils

[51] Assemblée nationale constituante (1791), op. cit.

[52] Hobbes, T. (1651/2012). Leviathan (N. Malcolm, Éd.). Clarendon Press. Sur le transfert des droits naturels au souverain comme fondement contractuel de l'autorité civile.

lui préexistent. Locke est explicite : l'État civil ne peut pas régir les consciences — c'est l'argument central de sa Lettre sur la tolérance (1689) — parce que la conscience est antérieure et extérieure au contrat civil. Une justice pénale qui juge la mens rea — l'état intérieur de la volonté — est une justice qui prétend gouverner ce que Locke lui a explicitement soustrait. (Locke, 1689)[53]

Ce que l'apport de Hobbes révèle, pour notre démonstration, c'est la nature du transfert au cœur du contrat social : l'individu transfère son droit de se faire justice lui-même — non son droit d'être jugé moralement par l'autorité. L'État hobbesien reçoit le monopole de la force, non le mandat du jugement moral. Cette distinction est fondamentale : Hobbes justifie la coercition étatique sans justifier le jugement de la faute morale[54].

La justice pénale excède donc le mandat hobbesien. Elle ne se contente pas d'exercer la force — elle prononce un jugement moral. Et ce jugement moral n'a pas de fondement dans le contrat social tel que Hobbes le conçoit.

Jean-Jacques Rousseau parachève l'édifice en posant la formulation la plus radicale du principe de légitimité ascendante. Le contrat social n'est pas un transfert de souveraineté des individus à un Léviathan externe — c'est la constitution d'une volonté générale dans laquelle chaque associé n'obéit qu'à lui-même. Chacun se donnant à tous ne se donne à personne — la formule est d'une précision logique remarquable. L'individu-associé rousseauiste n'est pas le sujet d'un

[53] Locke, J. (1689/1992). Lettre sur la tolérance (R. Polin, trad.). PUF. Locke, J. (1689/1988). Two treatises of government (P. Laslett, Éd.). Cambridge University Press. Sur l'antériorité des droits naturels à tout contrat civil et l'impossibilité pour l'État de régir les consciences.

[54] Hobbes (1651/2012), op. cit.

pouvoir qui le transcende - il est le constituant d'un pouvoir dont il reste, à chaque instant, l'auteur et le juge. (Rousseau, 1762)[55]

Cette mutation change non seulement le statut de l'individu mais également la nature du lien entre l'individu et l'institution. Elle change la nature de la loi. Et elle aurait dû changer la nature de la justice : non plus l'affirmation d'un ordre moral sur des sujets, mais la gestion des conflits entre associés égaux dans le cadre d'un contrat librement consenti.

Ce que Rousseau ajoute de décisif, c'est la nature de la volonté générale comme expression de l'intérêt commun des associés — non de la morale divine. La loi rousseauiste n'est pas la loi de Dieu renommée : c'est la règle que les associés se donnent à eux-mêmes pour organiser leur vie collective. Elle est civile dans sa source, civile dans son objet, civile dans sa sanction[56].

Dans ce cadre, la justice pénale — qui prétend sanctionner la violation d'un ordre moral qui transcende les parties — n'a pas de place légitime. Ce n'est pas la volonté générale des associés que l'auteur d'un tort a violée : c'est le droit d'un associé concret. Et la réponse légitime est civile : réparation du tort, protection des droits, non expiation de la faute.

L'État démocratique tient son pouvoir des individus-associés, et seulement d'eux. Ce qu'ils ne lui ont pas donné, il ne le possède pas. Ce qu'ils ne pouvaient pas lui donner, parce que cela n'était pas dans leur nature civile, il ne peut pas l'exercer sans se contredire.

[55] Rousseau (1762/2001), op. cit.

[56] Ibid.

1.2.4 — Les théoriciens des droits subjectifs

Kant pose le fondement avec la rigueur qui lui est propre. La dignité humaine — ce que la Métaphysique des mœurs appelle la valeur inconditionnelle de la personne rationnelle — est une fin en soi, jamais un moyen. La formule de l'impératif catégorique est d'une clarté absolue : agis de telle sorte que tu traites l'humanité, aussi bien dans ta personne que dans la personne de tout autre, toujours en même temps comme une fin, et jamais simplement comme un moyen. Or la justice pénale fait précisément du condamné un moyen — de la dissuasion générale, de la rétribution sociale, de la restauration de l'ordre moral. (Kant, 1785)[57]

Ronald Dworkin radicalise cette tension en formulant la théorie des droits comme atouts qui l'emportent sur les calculs d'utilité collective. Les droits individuels ne sont pas des concessions que la société accorde à ses membres — ce sont des barrières que les individus opposent aux prétentions de la collectivité. La justice pénale est précisément le dispositif par lequel la collectivité prétend s'arroger le droit de juger la faute morale de l'individu — exactement la prétention que la théorie des droits subjectifs interdit.

L'Argument ② est ainsi établi dans sa formulation philosophique complète : l'État démocratique, civil et non confessionnel, est de nature diamétralement opposée à la justice pénale — et cette opposition de nature est irrémédiable par la réforme. (Dworkin, 1977)[58]

Ce que Kant ajoute au contrat social, c'est la fondation éthique de la dignité : l'individu ne doit jamais être traité comme moyen, toujours

[57] Kant (1785/1994), op. cit.

[58] Dworkin, R. (1977). Taking rights seriously. Harvard University Press. Sur la théorie des droits comme atouts (trumps) qui l'emportent sur les calculs d'utilité collective.

comme fin[59]. Cette formule a une conséquence directe pour la justice pénale que Kant lui-même n'a pas tirée — sans doute parce qu'il était trop profondément ancré dans la tradition rétributiviste de son époque.

La formule catégorique interdit d'utiliser l'individu pour signifier quelque chose à la société — pour « envoyer un message », pour « dissuader », pour « affirmer les valeurs collectives ». La peine pénale, dans toutes ses justifications contemporaines, utilise l'individu condamné comme moyen d'un effet social. Elle le traite précisément comme l'impératif catégorique l'interdit. Kant contre la peine pénale — la conclusion est kantienne même si Kant ne l'a pas formulée[60].

1.2.5 — Le principe du consentement impossible : « Nemo dat quod non habet »

La théorie du contrat social repose sur un principe de délégation : les individus-associés transfèrent à l'État certains de leurs pouvoirs naturels. Ce principe de délégation a une limite logique que le droit exprime depuis des siècles dans une formule d'une concision remarquable ***: Nemo dat quod non habet*** — nul ne donne ce qu'il n'a pas.

La question est donc la suivante : l'individu-associé, dans sa nature civile strictement définie, possède-t-il le pouvoir de juger la faute morale d'autrui ?

La réponse est péremptoirement non — et ce non est d'une évidence que l'analyse du contrat social rend irréfutable. En effet, dans sa nature civile, l'individu-associé est titulaire de droits et d'obligations envers ses semblables. Il peut exiger réparation d'un tort. Il peut contribuer à la sécurité collective. Il peut déléguer des pouvoirs de régulation.

[59] Kant (1785/1994), op. cit.

[60] Ibid.

Cependant, évaluer la nature morale d'un autre individu — sonder son intention intérieure, prononcer un jugement sur sa culpabilité morale, lui infliger une souffrance en proportion de sa faute — ce n'est pas un pouvoir civil. C'est un pouvoir qui appartient à l'ordre confessionnel, à la conscience, à la relation entre l'individu et ce qui le transcende. Et l'individu démocratique, dans sa nature civile, ne le possède pas[61].

Dans sa nature civile, l'individu-associé est titulaire de droits et d'obligations civils. Il peut réclamer réparation d'un tort qui lui a été causé. Il peut exiger le respect de ses droits. Mais il ne possède pas — dans sa nature civile — le pouvoir de juger la faute morale de son prochain. Ce pouvoir appartient à l'ordre confessionnel. Il est, par définition, hors du champ du contrat civil — parce que le contrat civil est précisément l'espace dont la constitution démocratique a exclu toute référence à l'ordre confessionnel.

Si l'individu-associé ne possède pas ce pouvoir dans sa nature civile, il ne peut pas le déléguer à l'État : ***nemo dat quod non habet***. Et si l'État démocratique ne peut pas le recevoir des associés qui le constituent, il ne peut pas l'exercer sans usurper une autorité qui ne lui appartient pas.

La conséquence est d'une rigueur logique que rien ne peut atténuer : la délégation sur laquelle repose la justice pénale dans l'espace démocratique est nulle et de nullité absolue. Non pas viciée dans son exercice — nulle dans son objet. Son objet — le pouvoir de juger la faute morale — n'était pas dans la nature civile de ceux qui prétendaient le déléguer. Il ne pouvait donc pas être valablement transmis. La constitutionnalité apparente de la justice pénale est viciée à la source — non par un défaut de procédure, mais par un défaut de substance irrémédiable.

[61] Locke (1689/1992), op. cit.

CHAPITRE 2.2 — L'ORPHELINE DANS LA MAISON DÉMOCRATIQUE

S'il est vrai que l'on n'a pas su poser la question à haute voix, plus d'uns la murmurent dans leur esprit. Comment une institution théocratique aussi fondamentale a-t-elle su rester intacte face à des révolutions qui ont tout remis en question — le roi, l'Église, la noblesse, l'esclavage ?

La réponse est que la question de la légitimité de la justice pénale n'a tout simplement jamais été posée. Non par malveillance, non par complot — mais par l'incapacité propre au stade métaphysique de transition : on ne voit pas ce qu'on n'a pas encore les outils conceptuels pour voir.

La justice pénale était si ancienne, si universelle, si profondément intégrée dans la définition même de l'ordre social, qu'elle semblait appartenir à la nature des choses plutôt qu'à un stade particulier de leur développement. Elle était le fond sur lequel tout se dessinait — invisible précisément parce que partout.

2.2.1— La question non posée en 1791

Paris, 1791. L'Assemblée nationale constituante accomplit en deux ans ce que l'humanité n'avait pas osé en vingt siècles : elle renverse l'ordre théocratique dans sa totalité. Le roi est dépossédé de sa légitimité divine. L'Église est dessaisie de ses biens et de son autorité civile. Les privilèges de la noblesse sont abolis. La Déclaration des droits de l'homme proclame à l'article premier que les hommes naissent et demeurent libres et égaux en droits. La légitimité ne descend plus — elle monte[62].

La même année, ces mêmes révolutionnaires adoptent le premier Code pénal de la République française[63].Ce code est présenté comme une rupture avec l'arbitraire royal et les supplices de l'Ancien Régime. Il est, en un sens, plus humain : les peines sont graduées, publiques, proportionnées. Beccaria a été lu. Les Lumières ont laissé leur empreinte.

Mais personne ne pose la question de fond : l'institution elle-même est-elle compatible avec l'ordre que nous venons de proclamer ? La Déclaration affirme que l'homme est libre et égal en droits. Le Code pénal le déclare coupable — catégorie théologique — et le condamne à expier — acte rituel d'origine sacrée. Ces deux textes coexistent dans le même ordre constitutionnel. Leur contradiction est d'une évidence que deux siècles et demi n'ont pas réussi à rendre visible.

Les révolutionnaires ont renversé le roi et appris à vivre sans Dieu dans l'espace public. Pourtant, ils ont conservé, presque intact, le système pénal conçu sous l'Ancien Régime — un système dont les catégories fondamentales, comme l'autopsie du vocabulaire l'a démontré, portent l'empreinte indélébile de l'ordre qu'ils venaient de renverser.

Au vu des analyses, ce n'est pas une incohérence volontaire. C'est plutôt l'incohérence structurelle du stade métaphysique où on substitue les institutions visibles de l'ancien ordre, mais on conserve ses prémisses invisibles, faute d'avoir développé les institutions du nouvel ordre pour les remplacer.

Cette question n'était pas inimaginable. Elle était posable. Beccaria venait de démontrer qu'on pouvait soumettre la justice pénale à la raison. La Déclaration venait d'affirmer que les droits sont inhérents

---

[62] Assemblée nationale constituante (1791), op. cit.

[63] Déclaration d'Indépendance des États-Unis (1776). Déclaration des droits de l'homme et du citoyen (1789). Sur l'affirmation des droits inhérents et de la souveraineté populaire.

à la personne, antérieurs à l'État. La conséquence logique était à portée de main : si les droits sont inhérents et si l'autorité descend des associés, alors aucune institution n'a de mandat pour juger la nature morale de ces associés.

La question n'a pas été posée — parce que la justice pénale était si profondément ancrée dans l'évidence institutionnelle qu'elle semblait appartenir à l'ordre naturel des choses, et non à l'ordre révolu qu'on venait de renverser. C'est l'aveuglement propre à toute transition : on renverse ce qu'on voit, on conserve ce qu'on ne perçoit pas encore comme appartenant à l'ancien monde[64].

La même cécité s'observe en Amérique. La Constitution de 1787 garantit des droits fondamentaux inaliénables. Elle proclame que tout pouvoir émane du peuple. Pourtant, elle maintient la logique punitive héritée du droit anglais, et — dans ce qui est peut-être sa contradiction la plus saisissante — le Treizième Amendement de 1865, qui abolit l'esclavage, le maintien explicitement « comme punition pour un crime dûment établi ». La démocratie abolit la forme la plus absolue de la domination d'un être humain sur un autre — et préserve cette même domination comme instrument de la justice pénale[65].

La révolution reste, là aussi, structurellement inachevée.

En Haïti, la révolution la plus radicale du XVIIIe siècle adopte un code pénal calqué sur le modèle français. L'ironie est vertigineuse : la seule révolution qui ait poussé les principes démocratiques jusqu'à leur terme logique absolu — l'abolition inconditionnelle de l'esclavage, la fermeture de toute exception fondée sur la race ou la nature — reproduit, dans son architecture pénale, la logique même de l'ordre qu'elle vient d'abolir. Le phénomène est universel. Ce n'est

[64] Assemblée nationale constituante (1791), op. cit.

[65] Sala-Molins, L. (1987). Le Code Noir ou le calvaire de Canaan. PUF. Dubois, L. (2004). Avengers of the New World. Harvard University Press. Sur la révolution haïtienne comme radicalisation logique des principes démocratiques.

pas un accident national — c'est la marque d'une limite épistémologique collective.

2.2.2 — La dissolution du dualisme théocratique

L'ordre théocratique est fondamentalement dualiste. Il divise l'humanité entre le pur et l'impur, le juste et le pécheur, le fidèle et l'apostat. Cette division n'est pas simplement morale — elle est ontologique : elle détermine le statut de l'être humain devant l'autorité souveraine. Le pécheur mérite l'expiation. Le juste mérite la protection. La justice pénale est l'institution qui applique cette distinction dans l'espace civil.

L'État démocratique a officiellement dissous ce dualisme. L'égalité des associés devant la loi signifie que nul n'est supérieur ou inférieur à un autre en raison de sa vertu morale ou de sa conformité à un ordre transcendant. L'associé est l'associé — avant, pendant et après tout comportement. Il n'existe pas, dans l'ordre civil démocratique, de catégorie d'être humain dont la nature justifie une diminution de statut.

Ce dualisme est la condition de possibilité de la justice pénale. Pour qu'il y ait crime au sens pénal — transgression d'un ordre moral — il faut qu'il existe une division entre le conforme et le déviant, entre le pur et l'impur, entre ceux qui méritent la communauté et ceux qui méritent l'expulsion ou l'expiation. C'est une division qui appartient structurellement à l'ordre théocratique[66].

L'État démocratique a officiellement renoncé à ce dualisme. La Déclaration des droits de l'homme affirme que tous les hommes naissent libres et égaux en droits — sans exception, sans hiérarchie morale, sans distinction entre le pur et l'impur. Cette affirmation est incompatible avec une institution qui classe ses membres en

[66] Berman (1983), op. cit.

coupables et innocents selon une logique morale héritée de la théologie[67].

La révolution haïtienne de 1804 pousse ce principe jusqu'à son terme logique le plus radical et le plus irréfutable. Les révolutions de 1776 et 1789 avaient proclamé l'égalité des associés tout en maintenant, dans les faits, une hiérarchie fondée sur la race et la condition. La révolution haïtienne n'a pas seulement proclamé l'égalité — elle l'a inscrite dans la chair de l'histoire en renversant l'ordre esclavagiste par les esclaves eux-mêmes[68].

Le Code Noir de 1685, instrument juridique de l'esclavage colonial, était explicitement théologique dans ses prémisses. Il fondait la réduction de l'être humain à l'état de chose sur la nécessité de sa conversion à la foi chrétienne, conférant ainsi à l'ordre colonial la légitimité de l'ordre divin[69]. Haïti a détruit cette prémisse dans sa forme la plus absolue.

La Constitution haïtienne de 1805 abolit l'esclavage de manière permanente et irréversible, et déclare que tous les citoyens haïtiens seront désormais connus sous la dénomination générique de Noirs — effaçant par décret constitutionnel la hiérarchie raciale sur laquelle l'ordre colonial et théologique avait fondé sa légitimité[70].

Haïti accomplit ainsi quelque chose qu'aucune autre révolution démocratique n'avait osé : elle ferme la catégorie de l'individu-associé. Elle la rend imperméable à toute exception fondée sur la nature, la race, la condition ou la volonté divine. En ce sens, 1804 est l'achèvement logique de 1776 et 1789 — non leur prolongement, mais leur accomplissement. Ce que Jefferson avait proclamé sans oser appliquer, ce que les Constituants français avaient affirmé sans

[67] Jefferson (1776), op. cit.

[68] Fick (1990), op. cit.

[69] Sala-Molins (1987), op. cit.

[70] Fick (1990), op. cit.

oser étendre, les révolutionnaires haïtiens l'ont réalisé sans concession.

Mais même Haïti, dans ce moment de rupture radicale, conserve l'institution pénale héritée de la France coloniale. L'orpheline théocratique survit à la révolution la plus totale de l'époque moderne. La cécité épistémologique est absolue.

2.2.3 — La vocation de l'état démocratique et l'anomalie qu'il héberge

L'État démocratique a une vocation positive précise, qui découle directement de la nature de l'individu-associé. Sa mission n'est pas de juger la faute morale de ses membres — il n'a ni la compétence ni l'autorité pour le faire dans sa nature civile. Sa mission est de garantir les conditions dans lesquelles ses membres peuvent mener une vie prospère, exercer leurs droits, et contribuer à la volonté générale[71].

Cette vocation est radicalement différente de celle de l'ordre théocratique. L'État théocratique restaure l'ordre moral transgressé. Il expie la faute. Il purifie la cité. L'État démocratique répare les torts. Il protège les droits. Il maintient les conditions du contrat social. Ces deux vocations ne sont pas simplement différentes — elles sont structurellement incompatibles. L'une présuppose la faute morale. L'autre ne connaît que le tort civil.

Ce décalage entre la mission légitime de l'État démocratique et la mission réelle de la justice pénale n'est pas une question de moyens — c'est une question de nature. L'État démocratique a besoin d'instruments civils de réparation et de protection. Il a hérité d'un instrument théologique d'expiation et de condamnation morale. Ces

[71] Rousseau (1762/2001), op. cit.

deux instruments ne peuvent pas être réconciliés — parce qu'ils répondent à deux questions fondamentalement différentes[72].

Cette anomalie n'est pas une imperfection administrative. C'est une contradiction constitutive. L'État démocratique héberge, dans son propre corps institutionnel, une institution dont la logique est l'inverse de la sienne. Il est, de ce fait, structurellement hybride : démocratique dans sa Constitution, théocratique dans son code pénal. Il proclame l'égalité des associés et juge leur faute morale. Il affirme que la légitimité monte et condamne selon une logique qui descend.

La métaphore de l'orpheline est précisément la plus juste pour décrire cette situation. La justice pénale ne vient pas de l'ordre démocratique - elle n'y a pas été conçue, elle n'en est pas le produit. Elle est arrivée dans la maison démocratique par héritage non critique, portant avec elle les prémisses d'un ordre révolu. Elle y est hébergée sans en partager la nature. Elle y exerce une autorité sans en avoir reçu la délégation légitime. Elle est, dans tous les sens du terme, une étrangère dans la maison qu'elle prétend garder.

Et comme toute étrangère imposée par l'histoire plutôt que choisie par la raison, elle coûte plus qu'elle ne rapporte — à ceux qu'elle est censée protéger, à ceux qu'elle prétend corriger, et à l'ordre démocratique dont elle contredit chaque jour les principes fondateurs.

---

[72] Zedner, L. (2004). Criminal Justice. Oxford University Press.

2.2.4 — La cohabitation de deux logiques contradictoires dans le même ordre juridique

Deux logiques coexistent dans le même espace juridique démocratique — et c'est le même individu qui est appelé à les vivre simultanément. D'un côté, la Constitution le reconnaît comme associé souverain, source du pouvoir, titulaire de droits inhérents. De l'autre, le code pénal le traite comme un sujet moral dont la faute mérite l'expiation. Cette juxtaposition n'est pas une imperfection corrigible — c'est la contradiction constitutive de l'État hybride, l'endroit précis où l'ordre théocratique a survécu à la révolution qui aurait dû l'emporter[73].

Cette juxtaposition n'est pas abstraite — elle se concrétise dans chaque procédure pénale, dans chaque salle d'audience, dans chaque cellule de prison. L'associé souverain de la Constitution et le sujet moral du code pénal sont la même personne, soumise le même jour aux deux logiques contradictoires du même État[74].

Ce dédoublement institutionnel n'est pas sans conséquence sur la cohérence de l'ordre juridique. Kelsen a établi que la validité d'une norme dépend de sa compatibilité avec les normes supérieures dont elle tire sa légitimité. Une norme pénale qui traite l'individu comme un sujet moral est structurellement incompatible avec une norme constitutionnelle qui le reconnaît comme un associé souverain. L'une doit céder à l'autre — et dans la hiérarchie des normes, c'est la norme constitutionnelle qui doit l'emporter[75].

---

[73] Kelsen, H. (1934/1999). Théorie pure du droit (C. Eisenmann, trad.). LGDJ. Sur la validité formelle des normes et la nécessité de cohérence interne d'un système juridique positif.

[74] Ibid.

[75] Ibid.

2.2.5 — L'Associé entre la Constitution et le Pénitencier

Un citoyen dans une société démocratique se lève le matin. Il ouvre la Constitution. Il y lit : « We the People » — il est la source du pouvoir. Ses droits sont inhérents, antérieurs à l'État, inaliénables[76].Son gouvernement n'existe que pour les garantir. Il est, selon la lettre fondamentale de son pays, un associé souverain.

Il descend dans la rue. Il est arrêté. Il est placé en détention préventive — privé de sa liberté avant toute condamnation, avant même que sa culpabilité soit établie. Il est jugé selon une procédure qui ne cherche pas à mesurer le tort qu'il a causé, mais à établir sa faute morale. Il est déclaré coupable — catégorie empruntée à la théologie augustinienne — par un tribunal qui parle au nom de la société, non de la victime. Il est condamné à une peine — poena, la compensation due aux dieux[77]— dans une institution qui s'appelle pénitencier, du latin paenitentia, la pénitence religieuse[78].

Entre la Constitution et le pénitencier, il n'y a pas seulement une contradiction juridique. Il y a vingt-sept siècles d'histoire et deux conceptions radicalement opposées de ce qu'est un être humain devant l'autorité. La Constitution dit : tu es la source. Le pénitencier dit : tu es la faute. Le même individu. Le même État. Le même matin.

La contradiction n'est pas anecdotique. Elle n'est pas le produit d'une mauvaise rédaction législative ou d'une réforme manquée. Elle est structurelle — inscrite dans l'architecture même de l'État démocratique depuis le premier jour de son existence.

L'État démocratique est né d'une rupture totale avec l'ordre qui le précédait. Il a renversé le roi, dessaisi l'Église, aboli les privilèges de la naissance[79].Il a proclamé que l'individu n'est pas un sujet soumis à une autorité qui le transcende — il est un associé qui délègue une

[76] Jefferson (1776), op. cit.

[77] Liddell (1940), op. cit.

[78] Oxford Latin Dictionary (1968), op. cit.

autorité qu'il possède[80].Mais il n'a pas transformé la façon dont il traite l'individu lorsqu'il transgresse une norme. Dans ce moment précis — le moment du crime, du jugement, de la peine — l'État démocratique agit exactement comme l'État théocratique qu'il a remplacé : il juge la faute morale, prononce la culpabilité, inflige l'expiation[81].

L'État démocratique est donc scindé en deux. Dans la Constitution, il reconnaît l'associé souverain. Dans le code pénal, il traite le sujet moral. Ces deux logiques ne coexistent pas en harmonie — elles se contredisent à chaque arrestation, à chaque audience, à chaque condamnation.

2.2.6 — La pyramide inversée

La métaphore de la pyramide inversée est la plus directe pour rendre cette contradiction visible.

Dans l'ordre théocratique, la pyramide de la légitimité est orientée vers le bas. Dieu au sommet — source de toute autorité. Le roi en dessous, tenant son pouvoir de l'onction divine. L'Église à ses côtés, interprète de la volonté divine et gardienne de l'ordre moral. Les sujets à la base — récipiendaires de la loi, non ses auteurs. La loi descend. Elle ne monte pas[82].La justice pénale est le bras armé de cette pyramide : elle juge la transgression de l'ordre moral divin, prononce la culpabilité du sujet, et inflige l'expiation qui restaure l'ordre.

---

[79] Arendt (1963), op. cit.

[80] Rousseau (1762/2001), op. cit.

[81] Foucault (1975), op. cit.

[82] Berman (1983), op. cit.

Ce renversement est total dans tous les domaines — sauf un. La justice pénale juge toujours au nom d'un ordre moral qui transcende l'accusé. Elle condamne toujours pour une faute qui dépasse le tort causé à la victime concrète. Elle inflige toujours une souffrance dont la logique est l'expiation, non la réparation[83].Elle fonctionne encore selon la pyramide théocratique, dans une maison dont l'architecture entière a été réorganisée autour de la pyramide démocratique.

L'associé souverain — source du pouvoir selon la Constitution — se présente devant un tribunal qui le traite comme un sujet moral héritier du droit canon[84]. Il est déclaré coupable — terme théologique — par un État dont le fondement philosophique lui interdit structurellement de se prononcer sur la faute morale de ses membres[85].

Il est condamné à une peine d'expiation — terme liturgique — dans un pénitencier — terme sacramentel — par un procureur qui représente non la victime, mais la société — entité abstraite substituée à Dieu dans la logique du jugement moral collectif[86].

Le Treizième Amendement à la Constitution américaine, adopté en 1865, illustre cette contradiction avec une netteté qui confine à l'aveu institutionnel. Il abolit l'esclavage — sauf comme punition pour un crime dûment établi. La démocratie abolit la forme la plus absolue de la domination d'un être humain sur un autre — et la maintient intacte comme instrument de la justice pénale[87].Les deux pyramides coexistent, sans que la contradiction soit perçue comme insupportable, parce qu'elle n'a jamais été nommée pour ce qu'elle est[88].

---

[83] Rousseau (1762/2001), op. cit.

[84] Locke (1689/1988), op. cit.

[85] Jefferson (1776), op. cit.

[86] Anselme de Cantorbéry (1098), op. cit.

[87] Brundage (1995), op. cit.

[88] Kant (1785/1994), op. cit.

Cette contradiction est vécue — par des millions de personnes, chaque jour, dans chaque démocratie du monde.

Elle est vécue par le prévenu en détention provisoire qui attend son jugement pendant des mois, parfois des années, présumé innocent selon la Constitution, traité comme coupable selon la pratique[89].

Elle est vécue par le condamné qui sort de prison après avoir payé sa dette à la société et qui découvre que cette dette n'est jamais entièrement acquittée : son casier judiciaire le suivra partout, fermant les portes de l'emploi, du logement, de la citoyenneté effective[90].

Elle est vécue par la victime qui assiste à un procès dont elle est formellement exclue — simple témoin dans une affaire qui l'oppose à l'État, non à l'auteur du tort — et qui repart sans réparation réelle, sans restauration du lien brisé[91].Elle est vécue par le juge qui prononce une peine qu'il sait inutile, par le procureur qui poursuit des faits qu'il sait socialement déterminés, par l'avocat qui défend dans un système dont les règles contredisent les principes[92].

La contradiction entre la Constitution et le pénitencier n'est pas une imperfection du système démocratique. C'est sa blessure constitutive — la trace visible de la rupture inachevée, l'endroit précis où l'ordre théocratique a survécu à la révolution qui aurait dû l'emporter[93].

La démocratie a changé le nom de ses institutions. Elle n'a pas changé leur logique. Et la logique, à la longue, est plus forte que le nom.

---

[89] Feinberg, J. (1970). The expressive function of punishment. In Doing and deserving. Princeton University Press.

[90] Sala-Molins (1987), op. cit.

[91] Alexander, M. (2010). The new Jim Crow. The New Press.

[92] Bibas, S. (2004). Plea Bargaining outside the Shadow of Trial. Harvard Law Review, 117(8), 2463-2547.

[93] Pager, D. (2003). The mark of a criminal record. American Journal of Sociology, 108(5), 937-975.

2.2.7 — Constitutionnalité versus Légitimité

L'objection la plus prévisible est juridique. Plus d'uns peuvent se dire que la justice pénale est constitutionnelle. Car, c'est prévu et établit dans la constitution. La réponse est la suivante : la légalité formelle d'une institution dans un État hybride ne produit pas sa légitimité substantielle (Kelsen, 1934)[94].

Il en va de même pour l'esclavage. Il fut constitutionnel aux États-Unis jusqu'en 1865 — inscrit dans le texte même de la Constitution de 1787. Sa constitutionnalité formelle était irréfutable. Sa légitimité substantielle, mesurée à l'aune des principes que la même Constitution proclamait, était nulle.

La contradiction n'a pas été résolue par la réforme de l'institution esclavagiste. Elle a été résolue par son abolition.

Cette réponse confond deux niveaux que la philosophie du droit a distingués depuis Kelsen : la validité formelle d'une norme et sa légitimité substantielle. Une norme est formellement valide si elle a été adoptée selon les procédures prévues par la hiérarchie normative. Elle est substantiellement légitime si elle est compatible avec les principes qui donnent leur sens aux normes supérieures dont elle tire sa validité[95].

La constitutionnalité formelle de la justice pénale est réelle — elle est inscrite dans les codes fondamentaux de toutes les démocraties. Mais cette constitutionnalité formelle ne produit pas de légitimité substantielle si la constitution qui la fonde est elle-même incompatible avec ses propres principes. Et une constitution qui

---

[94] Christie, N. (1977). Conflicts as property. British Journal of Criminology, 17(1), 1-15.

[95] Skolnick, J. H. (1966). Justice without Trial: Law Enforcement in Democratic Society. Wiley.

proclame simultanément l'associé souverain et le sujet moral est une constitution qui se contredit dans ses fondements.

Aujourd'hui, la justice pénale est dans une situation structurellement analogue. Sa constitutionnalité formelle est réelle. Mais sa légitimité substantielle, mesurée à l'aune des principes constitutifs de l'État démocratique, est viciée à la source.

Kelsen l'a formulé avec la précision qui lui est propre en arguant qu'une norme peut être formellement valide tout en étant substantiellement incompatible avec les normes supérieures dont elle tire sa validité[96]. Il en va de même pour le code noir qui a institué les normes et la régulation de l'esclavage dans la colonie de Saint-Domingue. Fût-il légal ? Oui. Fût-il légitime ? Non. Le code fut substantiellement incompatible avec les principes liés aux valeurs démocratiques.

Conclusion de la Partie II

La transition démocratique a produit l'associé souverain, l'État civil et non confessionnel, la pyramide inversée. Elle n'a pas transformé la justice pénale. Antérieure à l'État démocratique, de nature diamétralement opposée à la sienne, elle a été héritée sans être critiquée dans ses prémisses. La rupture inachevée n'est pas un oubli que la bonne volonté pourrait corriger. C'est une anomalie structurelle dont la science, dans la Partie III, viendra confirmer la profondeur par une voie entièrement indépendante.

La rupture démocratique a transformé l'individu. Elle n'a pas transformé l'institution chargée de le juger.

La Partie III établira, par la voie indépendante de la science, que cette nécessité apparente est une construction — et que la construction

[96] Garland, D. (2001). The culture of control. University of Chicago Press. evidence. The Smith Institute. Portuguese Decriminalization of Illicit Drugs? British Journal of Criminology*, 50(6), 999-1022.

repose sur des prémisses que deux siècles de recherche criminologique ont méthodiquement dissoutes[97].

[97] Kelsen (1934/1999), op. cit.

PARTIE III — LE RENVERSEMENT DE LA PRÉMISSE PÉNALE PAR LA SCIENCE

Les deux parties précédentes ont établi la filiation théocratique de la justice pénale et démontré que les révolutions démocratiques ont transformé la nature de l'individu sans transformer l'institution chargée de le juger. Ces deux constats suffiraient, seuls, à établir l'incompatibilité structurelle. Maintenant, la science est venue confirmer, par une voie entièrement indépendante, ce que la philosophie politique avait déjà démontré.

Ces découvertes ne sont pas le résultat d'une école de pensée particulière — elles convergent à travers la biologie, la psychologie, la sociologie et l'économie. Elles constituent ce que Comte appelait le stade positif de la connaissance : des faits observables, mesurables, reproductibles, qui dissolvent les explications surnaturelles. Et ce qu'elles dissolvent, précisément, c'est la prémisse morale sur laquelle toute la logique pénale repose depuis vingt-cinq siècles[98].

En effet, la criminologie — la science qui étudie le crime comme phénomène observable — a produit, depuis le XIXe siècle, un corpus de découvertes convergentes qui ont une conséquence décisive pour notre démonstration. Ces découvertes retirent à la justice pénale la prémisse morale sur laquelle toute sa logique repose en affirmant et en prouvant que le crime n'est pas le produit d'une volonté individuelle mauvaise. Elles établissent qu'il est le résultat de conditions sociales que l'État démocratique lui-même avait la charge de corriger. Ne pas les honorer constitue une entorse à la mission dévolue.

Aussi, la logique consistant à punir l'individu pour un crime que l'État aurait dû prévenir est non seulement aberrant mais également philosophiquement injuste et inefficace.

[98] Ibid.

Chapitre 3.1 — Le crime comme phénomène social

L'édifice bimillénaire de la justice pénale repose sur la prémisse que le criminel est lucide et doit être moralement tenu responsable de son crime. Or, depuis le XIXe siècle, la science criminologique a déplacé le lieu de la causalité. Elle établit que le crime est le produit mesurable de conditions sociales, économiques et structurelles.

C'est à cette tâche que ce chapitre s'attachera à démontrer comment cette découverte retire à la justice pénale sa prémisse fondamentale, rendant ainsi la punition de l'individu dit criminel non seulement un abus et une violation des termes du contrat qui a donné naissance à l'État démocratique, mais également inefficace et philosophiquement indéfendable dans un État civil.

3.1.1 — De la faute morale au phénomène observable

Si la Partie I démontre l'origine théocratique de la justice pénale, la partie II la transition de la théocratie vers la démocratie, ce chapitre démontre que la science l'a rendue philosophiquement indéfendable. En effet, depuis le XIXe siècle, la criminologie a établi que le crime est un phénomène social : il n'est pas le produit d'une volonté mauvaise, mais de conditions que l'État lui-même contribue à créer. Punir dans ces conditions, c'est commettre une double injustice.

Le crime comme phénomène social -

La criminologie n'est pas née d'un seul geste. Cette section retrace la progression qui, de Lombroso à l'École de Chicago, a conduit la science du crime à une conclusion irréversible : le crime est d'abord un phénomène social, non un acte de volonté individuelle mauvaise.

La science n'a pas construit cette démonstration en une seule étape. Elle l'a construite progressivement, par accumulation de preuves convergentes venant de disciplines différentes, chacune ajoutant une brique à l'édifice. Ce qui est remarquable, c'est que ces disciplines n'ont pas cherché à démolir la justice pénale — elles ont cherché à comprendre le crime. C'est en cherchant à comprendre le crime qu'elles ont, incidemment, dissous la prémisse morale sur laquelle la justice pénale repose[99].

3.1.2 — La scène illustrative

En 1876, à Milan, un médecin et anthropologue nommé Cesare Lombroso publia un ouvrage qui allait bouleverser — pour de mauvaises raisons d'abord, pour de bonnes ensuite — la conception du crime. Sa thèse : le criminel n'est pas un pécheur qui a choisi le mal. C'est un type humain distinct, reconnaissable à ses caractéristiques physiques.

La thèse biologiste de Lombroso est erronée et dangereuse. Toutefois, son geste intellectuel est fondateur. Pour la première fois, quelqu'un cherche la cause du crime non dans la volonté morale de l'individu, mais dans des facteurs qui lui sont extérieurs.

C'est ce geste - déplacer la causalité du crime de la volonté individuelle vers des facteurs objectifs - qui inaugure la criminologie scientifique. Lombroso se trompe sur les facteurs. Mais il a posé la bonne question : pourquoi certaines personnes commettent-elles des crimes ?

La réfutation du biologisme de Lombroso est elle-même une démonstration. Elle établit que le comportement criminel n'est pas inscrit dans la biologie de l'individu — il est produit par des facteurs externes. Ce déplacement est décisif : il retire la cause du crime de l'intérieur de l'individu — là où la théologie pénale l'avait toujours

[99] Ibid.

placée — pour la situer dans les conditions sociales, économiques et environnementales qui entourent l'individu[100].

Une fois ce déplacement accompli, la logique de la justice pénale s'effondre. Car si la cause du crime est externe à l'individu, punir l'individu c'est punir l'effet tout en laissant la cause intacte. C'est un geste médical absurde — comme traiter la fièvre sans traiter l'infection qui la provoque.

Et cette question, une fois posée sérieusement, ne peut trouver de réponse satisfaisante dans la théologie morale. Elle appelle une réponse scientifique.

3.1.3 — Durkheim et la notion du crime comme fait social normal

C'est Émile Durkheim qui, en 1895, formule la thèse la plus décisive : le crime est un « fait social normal ». Cette affirmation choque encore aujourd'hui, parce qu'elle semble absoudre ce que la morale condamne. Mais Durkheim ne dit pas que le crime est moralement acceptable. Il dit quelque chose de scientifiquement précis : le crime est présent dans toutes les sociétés connues, à tous les stades de développement, sans exception[101].

Il est corrélé aux structures sociales, économiques et institutionnelles de la société qui le produit. Il varie quand ces structures varient. Il est, en ce sens, un phénomène social avant d'être un acte individuel.

La conséquence de cette démonstration pour la justice pénale est immédiate et dévastatrice. Si le crime est un phénomène social, alors, le punir individuellement sans traiter ses causes sociales est aussi irrationnel que de punir la fièvre sans traiter l'infection. La peine

[100] Comte (1830–1842/1975), op. cit.

[101] Durkheim, É. (1895/1988). Les Règles de la méthode sociologique. Flammarion. Sur le crime comme fait social normal et la méthode d'analyse des faits sociaux.

pénale s'attaque à la manifestation. Elle ignore la cause. Et ignorer la cause, c'est garantir la récurrence.

Ce que Durkheim démontre, en d'autres termes, c'est que la notion de « criminel » est une construction sociale — non une réalité objective inhérente à certains individus. Dans une société différente, avec des normes différentes, les mêmes comportements ne seraient pas définis comme criminels. Et dans la même société, au cours du temps, des comportements criminalisés à une époque sont décriminalisés à une autre — non parce que le comportement a changé, mais parce que la norme sociale a changé[102].

Cette relativité de la notion de crime est incompatible avec le fondement moral de la justice pénale. Si le crime est une construction sociale variable, la culpabilité morale qu'il est censé exprimer n'a pas de fondement objectif. On ne peut pas être moralement condamnable pour avoir violé une norme dont la définition change selon le temps et le lieu[103].

3.1.4 — L'anomie, la désorganisation sociale, et la confirmation empirique

Robert Merton, en 1938, développe la théorie de l'anomie selon laquelle la criminalité est une réponse rationnelle à la contradiction entre les objectifs culturels promus par la société - la réussite économique, le succès - et les moyens légitimes disponibles pour les atteindre. Quand les moyens légitimes sont bloqués - par la pauvreté, la discrimination, l'absence d'éducation - certains individus empruntent des voies illégitimes pour atteindre les mêmes objectifs. Ce n'est pas de la perversité. C'est de la logique.

L'École de Chicago, avec les travaux de Shaw et McKay, apporte la preuve empirique la plus éloquente : les taux de criminalité sont liés aux caractéristiques des quartiers, non aux caractéristiques des

[102] Ibid.

[103] Ibid.

individus qui les habitent. Quand une famille quitte un quartier dégradé, son taux de criminalité diminue. Quand une autre famille s'y installe, son taux augmente. C'est le quartier qui produit le crime - non l'individu. Ce constat détruit l'idée même du criminel comme être moralement défaillant.

Ce que l'École de Chicago ajoute à Merton, c'est la dimension géographique et empirique de la démonstration. La criminalité n'est pas uniformément distribuée dans la population - elle est concentrée dans des zones précises, caractérisées par la pauvreté, la désorganisation sociale, l'absence de services publics et la rupture du tissu communautaire. Ces zones changent de population sans changer de taux de criminalité : quand une communauté quitte un quartier défavorisé et qu'une autre s'y installe, le taux de criminalité reste similaire. Ce n'est pas la population qui produit la criminalité — c'est le quartier, c'est-à-dire les conditions sociales[104].

Cette démonstration empirique est fatale pour la notion de faute morale individuelle. Elle établit que ce qui produit le comportement criminel n'est pas la volonté mauvaise d'un individu particulier — c'est la configuration sociale dans laquelle cet individu est contraint de vivre.

Les études de Wilson sur les « inner cities » américaines, celles de Sampson sur la cohésion sociale des quartiers, et les travaux de Farrington sur les trajectoires criminelles confirment indépendamment la même conclusion à savoir que les prédicteurs les plus puissants de la criminalité sont tous des facteurs sociaux, économiques et institutionnels incluant : Pauvreté concentrée, absence de services publics, ségrégation, maltraitance, échec scolaire, exclusion du marché du travail. Pas la volonté mauvaise[105].

[104] Ibid.

[105] Ibid.

3.1.5 — La responsabilité contractuelle de l'État et la double injustice

Ces recherches convergent vers une conclusion qui mérite d'être formulée dans toute sa radicalité : les comportements déviants ne sont pas significativement déterminés par la volonté morale des individus qui les commettent. Ils sont significativement déterminés par les conditions structurelles dans lesquelles ces individus ont vécu — conditions que la société pouvait mesurer, anticiper, et modifier. La mens rea — l'intention coupable, élément constitutif central de tout crime pénal — est empiriquement dissoute par ces données[106].

Le droit reconnaît lui-même que la contrainte exclut la responsabilité. Si la contrainte est suffisamment forte, elle détruit la mens rea et avec elle le fondement de la culpabilité pénale. Ce que la criminologie établit, c'est que cette contrainte est mesurable, documentable, et systématique dans la production des comportements déviants[107].

La science criminologique a établi que les comportements dommageables sont le produit de conditions sociales que l'État avait la responsabilité de prévenir. Cette démonstration génère une conséquence contractuelle décisive : si l'État a manqué à son obligation de prévention, et si ce manquement a produit les comportements qu'il prétend punir, alors la punition constitue une double injustice — il punit les conséquences de ses propres défaillances. Cette section établit le fondement contractuel de cette double injustice[108].

[106] Becker, H. S. (1963). Outsiders: Studies in the sociology of deviance. Free Press. Sur la théorie de l'étiquetage et la construction sociale de la déviance.

[107] Sampson, R. J., Raudenbush, S. W., & Earls, F. (1997). Neighborhoods and Violent Crime. Science, 277(5328), 918-924. Shaw, C. R., & McKay, H. D. (1942). Juvenile Delinquency and Urban Areas. University of Chicago Press. Sur la désorganisation sociale et les taux de criminalité.

Si le crime est le produit de conditions sociales, la question qui suit est inévitable : qui en porte la responsabilité ? Cette section développe l'argument central. L'État qui n'a pas créé les conditions d'une vie digne et qui punit l'individu produit par ces conditions, commet une double injustice philosophiquement indéfendable.

3.1.6 — La responsabilité de l'état dans la production du crime

Une fois les théories criminologiques démontrent que le crime est le produit de conditions sociales, en considération du contrat social qui établit l'État comme l'institution chargée de garantir les conditions du bien-être et de la sécurité des associés, alors une conséquence logique s'impose. Quand le crime existe, l'État a manqué à ses obligations contractuelles.

L'État qui n'a pas éduqué, qui n'a pas protégé, qui n'a pas créé les conditions économiques et sociales permettant à l'associé de vivre dignement dans le cadre de la légalité — cet État a violé sa part du contrat. Et cet État, après avoir manqué à ses obligations, punit l'associé pour les conséquences de ce manquement.

Cette conclusion découle directement du contrat social. Si l'État démocratique tire sa légitimité du consentement des associés, et si cette légitimité implique des obligations positives envers eux — garantir les conditions dans lesquelles ils peuvent vivre dignement, exercer leurs droits, contribuer à la société — alors le manquement à ces obligations n'est pas un incident regrettable. C'est une rupture du contrat[109].

L'État qui punit l'associé pour les conséquences d'un contrat qu'il a lui-même rompu ne rend pas justice - il accomplit une double injustice. Il a d'abord failli à son obligation de prévention. Il punit ensuite l'effet de cette défaillance en le chargeant sur les épaules de l'associé qui l'a subi[110].

C'est ce que Loïc Wacquant a documenté empiriquement avec une rigueur implacable : l'expansion carcérale américaine des années 1980-2000 est directement corrélée au désinvestissement de l'État dans les politiques sociales. On a démantelé les protections sociales

— et augmenté les incarcérations. L'État a remplacé l'État-providence par l'État-pénal[111].

3.1.7 — Rawls et la responsabilité dans un système inéquitable

Ce que Wacquant documente n'est pas une coïncidence statistique — c'est une politique délibérée, ou du moins cohérente dans ses effets : l'État réduit son investissement social dans les communautés vulnérables, et compense cette réduction par un investissement pénal dans les mêmes communautés. Il punit ce qu'il aurait pu prévenir, et appelle cela de la justice[112].

Cette substitution - du social au pénal, de la prévention à la punition - révèle la fonction réelle de la justice pénale dans l'espace démocratique : non pas traiter les comportements déviants, mais les gérer après coup, tout en maintenant l'apparence d'un ordre moral que l'État prétend défendre alors qu'il en a fabriqué les conditions de violation.

Dans sa Théorie de la justice, John Rawls soulève une question que la philosophie pénale a toujours évitée : peut-on raisonnablement tenir un individu responsable de ses actes lorsque les conditions dans lesquelles il a été formé - les inégalités de départ, l'environnement social, les opportunités disponibles - étaient fondamentalement inéquitables ? Sa logique est claire : dans un système social injuste, la responsabilité individuelle ne peut pas être isolée de la responsabilité institutionnelle[113].

3.1.8 — Formulation définitive de la double injustice

La réponse de Rawls à cette question est sans ambiguïté : derrière le voile d'ignorance — sans savoir dans quelle position sociale on naîtra — aucun individu rationnel n'accepterait d'être tenu moralement responsable de comportements dont les causes sont structurellement déterminées par des conditions sur lesquelles il n'a aucun contrôle[114].

Cette conclusion rawlsienne rejoint la conclusion criminologique par une voie entièrement différente : la philosophie du contrat social et la science empirique convergent pour établir que la responsabilité morale individuelle, telle que la justice pénale la conçoit, est une fiction - une fiction commode pour l'État qui manque à ses obligations, une fiction cruelle pour l'associé qui en subit les conséquences.

Il existe, au cœur de l'État démocratique qui maintient la justice pénale, une contradiction que ni la réforme ni la bonne volonté ne peuvent résoudre. Cette contradiction a un nom : la double injustice.

L'État démocratique manque à ses obligations constitutives envers ses associés — ce manquement contribue à produire les conditions dans lesquelles la transgression devient statistiquement probable. Face à cette transgression que ses propres défaillances ont partiellement générée, il se retourne vers une institution théocratique structurellement incompétente pour adresser des phénomènes sociaux, et condamne l'associé pour une faute morale librement choisie que la science a démontré n'être en grande partie que le produit des conditions dans lesquelles cet associé a vécu — des conditions dont l'État porte une responsabilité qu'il ne reconnaît jamais dans le prétoire où il prononce son verdict.

Il est évident que cette formulation n'est pas synonyme d'une absolution générale de tout comportement nuisible. Elle dit quelque chose de plus précis : que la réponse à ces torts, dans l'ordre démocratique, ne peut pas être l'expiation morale. Elle doit être la réparation du préjudice, la protection de la société, et le traitement des conditions qui ont produit le comportement nuisible.

L'exemple le plus clair de cette double injustice est l'incarcération des toxicomanes. La science établit que la dépendance est une pathologie dont les facteurs biologiques, psychologiques et sociaux sont documentés. L'État démocratique - qui a la charge de la santé publique - n'a pas traité cette pathologie de manière adéquate.

L'individu dépendant commet des infractions liées à sa dépendance. L'État le punit pénalement - l'incarcérant dans un environnement où sa dépendance s'aggrave, sans traitement, puis le libère dans les mêmes conditions sociales sans traitement, et s'étonne qu'il récidive.

Cette chaîne causale n'est pas un dysfonctionnement. Elle est le fonctionnement normal d'une institution conçue pour punir la faute, non pour traiter la condition. Elle est la double injustice à l'état pur[115].

Chapitre 3.2 — La récidive comme verdict d'inefficacité

Si la justice pénale était efficace, la récidive diminuerait. Elle ne diminue pas — sur deux siècles et demi d'application intensive. Ce constat empirique n'est pas un argument contre la gestion du système : c'est un verdict sur sa nature. Une institution conçue pour répondre à la faute morale par l'expiation ne peut pas réduire des comportements produits par des conditions sociales. Elle est, par construction, inadaptée à la tâche qu'on lui assigne[116].

Si la science a dissous la prémisse morale du crime en révélant la double injustice d'un État qui punit les conséquences de ses propres manquements, l'observation des faits vient apporter la preuve finale de cette incompétence. La récidive, loin d'être un simple échec de gestion administrative ou pénitentiaire, constitue le verdict empirique de l'institution : elle est la démonstration mesurable que le système est structurellement incapable de traiter, par la logique de

[108] Ibid.

[109] Ibid.

[110] Frankfurt, H. (1969). Alternate possibilities and moral responsibility. Journal of Philosophy, 66(23), 829-839.

[111] Rawls, J. (1971). A theory of justice. Harvard University Press.

[112] Rousseau (1762/2001), op. cit.

[113] Rawls (1971), op. cit.

[114] Wacquant, L. (2009). Punishing the Poor: The neoliberal government of social insecurity. Duke University Press.

[115] Ibid.

[116] Rawls (1971), op. cit.

l'expiation, un phénomène social dont il ignore systématiquement les causes réelles.

L'institution rétorquera qu'elle n'est pas faite pour soigner — qu'elle est faite pour punir. C'est précisément le point. Une institution conçue pour punir la faute morale ne peut pas réduire des comportements produits par des conditions sociales. Elle est inadaptée à sa tâche — non par défaut de gestion, mais par vice de conception. Elle traite le mauvais problème avec le mauvais outil, dans le mauvais cadre conceptuel[117].

Ce constat n'est pas partisan. Il est factuel. Les taux de récidive sont identiques dans les systèmes les plus durs et les systèmes les plus cléments — ce qui démontre que la sévérité ou la douceur de la peine n'est pas la variable pertinente. La variable pertinente est la nature de l'intervention : punitive ou traitante[118].

3.2.1 — Ce que traduisent les chiffres

Les chiffres de la récidive sont le test empirique le plus direct de l'efficacité de la justice pénale. Ils ne mesurent pas un dysfonctionnement — ils mesurent le fonctionnement normal d'une institution dont les prémisses sont structurellement inadaptées au phénomène qu'elle prétend traiter. Un traitement médical qui aggrave la maladie dans 67 % des cas n'est pas défaillant — il est fondé sur un diagnostic erroné. La justice pénale est dans cette situation précise[119].

La thèse a une mesure empirique directe et simple : si la justice pénale était efficace, la récidive diminuerait. Elle ne diminue pas.

Ce constat n'est pas une opinion. C'est une mesure. Et une mesure, dans l'ordre positif de la pensée, vaut plus que mille arguments

[117] Ibid.

[118] Wacquant (2009), op. cit.

[119] Alper, M., Durose, M. R., & Markman, J. (2018). 2018 update on prisoner recidivism: A 9-year follow-up period (2005-2014). Bureau of Justice Statistics.

philosophiques. Si un médecin administre le même traitement depuis deux siècles et demi, et que le patient ne guérit pas, la question n'est pas de savoir si le médecin est compétent. La question est de savoir si le traitement est approprié à la maladie.

3.2.2 — Le verdict empirique

Aux États-Unis, 67,5 % des personnes libérées de prison sont ré-arrêtées dans les trois ans suivant leur libération, et 83 % dans les neuf ans[120].Ces chiffres, publiés par le Bureau of Justice Statistics en 2018, portent sur un suivi de 400 000 personnes libérées dans trente États américains — l'une des études longitudinales les plus rigoureuses jamais conduites sur la récidive. Ils ne constituent pas une anomalie statistique. Ils constituent une constante institutionnelle.

En Europe, les taux varient selon les pays et les méthodologies, mais la tendance est identique partout où l'incarcération constitue la réponse dominante : entre 45 % et 70 % de récidive selon les États membres, dans les cinq ans suivant la libération. Les pays scandinaves, qui combinent peines plus courtes, réinsertion active et conditions carcérales dignes, obtiennent des taux sensiblement inférieurs - non parce qu'ils punissent mieux, mais parce qu'ils punissent moins et réparent davantage. Ce différentiel est lui-même une preuve. Ce n'est pas la punition qui réduit la récidive. C'est tout ce qui l'entoure et la remplace progressivement.

Les travaux de Bruce Western établissent le mécanisme précis de cet échec : l'incarcération ne traite pas les conditions qui ont produit le comportement criminel. Elle les aggrave[121].Elle détruit le capital humain de l'individu condamné — ses compétences professionnelles s'atrophient, ses réseaux de soutien se disloquent, sa santé mentale se

[120] Garland (2001), op. cit.

[121] Alper (2018), op. cit.

dégrade. Elle l'expose à une sous-culture criminelle pendant la durée de la détention. Et elle le libère, souvent sans ressources, dans un monde où son casier judiciaire lui ferme systématiquement les portes du marché légitime du travail.

L'étude expérimentale de Devah Pager l'illustre avec une précision qui confine à l'ironie : dans ses tests d'audit de l'embauche, un candidat blanc porteur d'un casier judiciaire obtient moins de rappels qu'un candidat noir sans casier[122].

Le casier judiciaire est une exclusion permanente et légale de l'économie formelle. Or l'exclusion du marché légitime du travail est précisément l'un des prédicteurs les plus solides de la récidive. La justice pénale ne rompt pas le cycle — elle le referme. Elle crée les conditions structurelles de sa propre nécessité. Formulé en termes institutionnels : un système qui produit les conditions de sa propre reproduction n'est pas un système défaillant. C'est un système qui fonctionne conformément à sa logique profonde — une logique qui n'est pas celle de la prévention du crime, mais celle de l'expiation de la faute.

3.2.3 — La justice restauratrice comme preuve par contraste

La preuve la plus décisive de l'incompétence structurelle de la justice pénale ne vient pas de ses échecs — elle vient de la comparaison avec les systèmes qui l'ont partiellement remplacée.

Les méta-analyses de Lawrence Sherman et Heather Strang, portant sur plus de trente études contrôlées, établissent que les dispositifs de justice restauratrice — conférences de groupe familial, cercles de sentencing, médiation victime-auteur — produisent des résultats systématiquement supérieurs à la justice pénale sur trois critères

122 Ibid.

distincts : la réduction de la récidive, la satisfaction des victimes, et la restauration du lien social dans les communautés affectées[123].

Ces résultats ne sont pas marginaux. Ils sont structurellement différents. La satisfaction des victimes dans les processus restaurateurs atteint 85 à 90 % — contre moins de 30 % dans les procédures pénales classiques, où la victime n'est qu'un témoin à charge dans une affaire qui oppose l'État à l'accusé, non la victime à l'auteur du tort.

Howard Zehr, fondateur conceptuel de la justice restauratrice, a formulé la distinction avec une clarté définitive. La justice pénale pose la question : quelle peine mérite le coupable ? C'est une question morale, héritée de la tradition théocratique, qui place la faute — et non le tort — au centre de la réponse institutionnelle[124]. La justice restauratrice pose une question radicalement différente : quel tort a été causé, à qui, et comment le réparer ? C'est une question civile, proportionnée à la réalité mesurable du préjudice, et orientée vers l'avenir plutôt que vers la rétribution du passé. La première question appartient à la théologie. La seconde appartient au droit civil démocratique[125].

L'expérience portugaise de décriminalisation des drogues, mise en œuvre en 2001, illustre à l'échelle d'un État entier ce que les études contrôlées démontrent à petite échelle[126].En remplaçant la poursuite pénale par des commissions de dissuasion composées de travailleurs sociaux, d'avocats et de professionnels de santé, le Portugal a réduit de moitié le nombre d'usagers problématiques, diminué significativement les infections au VIH liées à l'usage de drogues, et augmenté le taux de traitement volontaire. Sans emprisonner. Sans

[123] Ibid.

[124] Western, B. (2006). Punishment and inequality in America. Russell Sage Foundation.

[125] Pager (2003), op. cit.

[126] Sherman, L. W., & Strang, H. (2007). Restorative justice: The evidence. The Smith Institute.

punir. En traitant le problème pour ce qu'il est : un phénomène de santé publique, non une faute morale.

3.2.4 — Christie et la notion du conflit volé aux protagonistes

Nils Christie a posé, en 1977, l'une des questions les plus dérangeantes de toute la littérature criminologique : à qui appartient le conflit ?[127]

Sa réponse mérite d'être citée dans sa radicalité : le système pénal vole le conflit à ses protagonistes réels. La victime et l'auteur — les deux personnes directement concernées par le tort — sont expropriés de leur propre affaire au bénéfice de l'État. La victime est réduite à un témoin à charge. L'auteur devient un accusé face à un procureur qui ne représente pas la victime mais la norme violée. La question comment réparer le tort causé à cette personne ? disparaît au profit de la question quelle règle a été transgressée et quelle sanction s'impose ?

La réponse de Christie est d'une simplicité désarmante et d'une profondeur radicale : le conflit appartient à ceux qui le vivent — la victime et l'auteur. Il leur appartient parce qu'ils en sont les protagonistes, les seuls qui peuvent comprendre ce qui s'est passé, les seuls qui peuvent réparer ce qui peut l'être, les seuls dont la relation a été brisée et qui doivent décider de ce qu'on en fait.

Le système pénal les dépossède de ce conflit. Il l'abstraite, le reformule en termes de transgression d'une norme abstraite, et s'en empare au profit de l'État. La victime devient un instrument de preuve. L'auteur devient un accusé face à un procureur qui représente une entité — la société — qui n'est pas la victime réelle[128].

[127] Zehr, H. (1990). Changing Lenses. Herald Press.

Ce déplacement n'est pas anodin. Il est révélateur. Il signifie que la justice pénale n'est pas organisée autour du tort réel — elle est organisée autour de la norme abstraite. Et la norme abstraite, dans l'ordre théocratique, est l'ordre divin. Dans l'ordre pénal moderne, c'est son héritage laïcisé : l'ordre moral de la société, dont l'État se constitue gardien au nom d'une autorité qui n'est plus divine mais qui conserve la même structure de domination verticale.

Le résultat concret de cet accaparement institutionnel : les victimes ne guérissent pas. La réparation matérielle est rare et tardive. La réparation symbolique — être entendue, être reconnue dans son tort, voir l'auteur comprendre ce qu'il a fait — est structurellement absente d'un processus qui ne leur appartient pas[129].C'est l'un des paradoxes les plus saisissants du système pénal : au nom de la protection des victimes, il les prive précisément de ce dont elles ont le plus besoin.

3.2.5 — La conclusion du verdict

Trois sources indépendantes convergent vers la même conclusion.

La statistique démontre que la récidive ne diminue pas malgré deux siècles et demi de réforme continue du système pénal — établissant l'échec empirique de l'institution dans sa mission déclarée. La comparaison démontre que les approches non pénales obtiennent de meilleurs résultats sur tous les critères mesurables — établissant la supériorité des alternatives sur les mêmes critères. Et l'analyse institutionnelle démontre que le système pénal est structurellement organisé pour répondre à la faute plutôt qu'au tort — expliquant précisément pourquoi il échoue à traiter le tort[130].

Ce n'est pas un échec de gestion. C'est un vice de conception. Et un vice de conception ne se corrige pas par la réforme — il exige la substitution.

Les chiffres ne mentent pas. Ils confirment ce que l'histoire, la philosophie et le droit avaient déjà établi par des voies entièrement différentes : la justice pénale est hors territoire dans l'ordre démocratique.

Conclusion de la Partie III

Dans l'espace démocratique, ce qu'on appelle crime est un tort — un dommage causé à un associé ou à la collectivité des associés. Il est évaluable, mesurable, réparable. La distinction entre le droit pénal et le droit civil perd sa justification fondamentale dans l'espace démocratique.

La criminologie ne réforme pas la justice pénale. Elle la dissout. Elle retire dessous elle la prémisse morale sur laquelle toute sa logique repose : l'existence d'un criminel moralement responsable, individuellement fautif, méritant d'expier. Ce criminel-là n'existe pas comme catégorie scientifiquement valide.

Cette dissolution est le résultat naturel et inévitable d'une confrontation entre la prémisse théologique — la faute morale librement choisie par un individu souverain de sa volonté — et les données empiriques qui établissent la détermination sociale du comportement. Ces deux propositions sont incompatibles. L'une doit céder. Et dans l'ordre de la connaissance positive, c'est la prémisse théologique qui cède[131].

La criminologie ne dit pas que les individus n'ont aucune responsabilité — elle dit que la responsabilité ne peut pas être réduite à la faute morale individuelle dans un vide social. Elle dit que comprendre le comportement humain exige de comprendre les conditions dans lesquelles ce comportement s'est produit. Et elle dit que répondre efficacement à ce comportement exige de traiter ces conditions — non de punir l'individu qui en est le produit[132].

Note sur l'objection compatibiliste :

Une objection philosophique importante mérite d'être mentionnée ici. La tradition compatibiliste — de Frankfurt (1969) à Strawson — soutient que la contrainte causale n'élimine pas la responsabilité morale : elle la reconfigure[133]*.La thèse de ce livre n'exige pas de trancher ce débat philosophique dans sa totalité. Elle exige seulement d'établir que, dans l'espace civil et non confessionnel de l'État démocratique, le pouvoir institutionnel de juger la faute morale n'appartient pas à l'État — indépendamment de la question de savoir si la faute morale existe ou non au sens philosophique du terme. La science a dissous la prémisse morale. La philosophie a démontré l'incompatibilité structurelle.*

PARTIE IV — L'INCOMPÉTENCE STRUCTURELLE DE LA JUSTICE PÉNALE

Les parties précédentes ont établi la démonstration par trois voies indépendantes et convergentes. La voie historique a établi la filiation théologique de la justice pénale. La voie philosophique a établi l'incompatibilité de cette filiation avec les prémisses de l'État démocratique.

La filiation théocratique, la rupture démocratique inachevée et la dissolution scientifique de la faute nous mènent à un diagnostic juridique sans appel : la justice pénale souffre d'une incompétence structurelle. Il ne s'agit pas d'un jugement de valeur, mais d'un constat technique qui révèle le vice rédhibitoire de l'institution. Cette partie démontre comment, sur les plans des personnes, de la matière et des résultats, l'institution opère hors de son territoire — un défaut si fondamental qu'il exige non la réforme, mais la substitution.

---

[128] Ibid.

[129] Hughes, C.E., & Stevens, A. (2010). What Can We Learn from the Portuguese Decriminalization of Illicit Drugs? British Journal of Criminology, 50(6), 999-1022. Sur les résultats mesurés dix ans après la décriminalisation de 2001.

[130] Christie (1977), op. cit.

[131] Ibid.

[132] Ibid.

[133] Sherman (2007), op. cit.

Chapitre 4.1 — L'Incompétence Ratione Personae

En droit, l'incompétence ratione personae désigne l'incapacité d'une juridiction à connaître d'une affaire en raison de la qualité de la personne qu'elle prétend juger. Un tribunal militaire ne peut pas juger un civil. Un tribunal de commerce ne peut pas juger un particulier agissant en dehors de toute activité commerciale. Dans chaque cas, le défaut n'est pas dans le comportement jugé — il est dans la nature de la personne que l'on prétend soumettre à cette juridiction.

La justice pénale souffre dans l'espace démocratique d'une incompétence ratione personae d'une nature plus profonde encore : elle prétend juger la faute morale d'un individu dont le statut ontologique, tel que redéfini par la transition démocratique, la soustrait constitutionnellement à tout jugement moral institutionnel. Ce n'est pas un défaut de procédure. C'est un défaut de nature.

4.1.1 — Le jugement de l'être : une usurpation

La thèse centrale de ce chapitre peut être formulée en une phrase : la transition démocratique a changé ipso facto le statut de l'individu. Ce changement n'est pas une réforme parmi d'autres — c'est une mutation ontologique irréversible qui interdit à l'État démocratique de traiter l'individu comme un sujet moral soumis à son jugement[134].

Dans l'ordre théocratique, l'individu est un sujet. Il n'est pas la source du pouvoir — il en est le destinataire, le bénéficiaire contraint, le

[134] Comte (1830–1842/1975), op. cit.

récipiendaire d'une autorité qui le précède, le transcende et ne dépend pas de son consentement. Son statut devant l'autorité est celui d'un être dont la nature même — pécheur, faillible, moralement imparfait — justifie le jugement et la punition. La justice pénale est l'institution qui organise ce jugement : elle évalue la faute, prononce la culpabilité, inflige l'expiation[135].

Dans l'ordre démocratique, ce rapport est inversé dans sa totalité. L'individu n'est plus un sujet — il est un associé. Il n'est plus le destinataire du pouvoir — il en est la source. Il n'obéit plus à une autorité qui le transcende — il délègue une autorité qu'il possède dans sa nature civile[136].Cette mutation n'est pas une amélioration progressive de l'ordre précédent. C'est sa négation structurelle. L'associé et le sujet ne sont pas deux degrés d'une même catégorie — ce sont deux catégories opposées, incompatibles, mutuellement exclusives.

4.1.2 — La question de la compétence personnelle

La question de la compétence ratione personae peut être formulée ainsi : de quelle autorité la justice pénale tient-elle le droit de juger le caractère moral de l'associé souverain ?

Dans l'ordre théocratique, la réponse est simple et cohérente : de Dieu. La loi descend d'une autorité transcendante au souverain, du souverain aux sujets. La justice pénale est le bras de cette autorité. Sa compétence découle de la nature même de l'ordre dans lequel elle s'inscrit[137].

Dans l'ordre démocratique, cette réponse est structurellement fermée. L'État démocratique ne tient son autorité d'aucune source

---

[135] Durkheim (1895/1988), op. cit.

[136] Frankfurt (1969), op. cit.

[137] Arendt (1963), op. cit.

transcendante — il la tient du consentement des associés[138]. Or les associés ne peuvent déléguer que les pouvoirs qu'ils possèdent dans leur nature civile. Et dans leur nature civile, les associés ne possèdent pas le pouvoir de juger la faute morale de leurs semblables. Ce pouvoir appartient à l'ordre confessionnel — il est, par définition, hors du champ du contrat civil[139].

La conséquence logique est d'une rigueur que rien ne peut atténuer : « ***nemo dat quod non habet*** » **:** Nul ne peut donner ce qu'il n'a pas. Si l'associé ne possède pas le pouvoir de juger la faute morale dans sa nature civile, il ne peut pas le déléguer à l'État[140]. C'est quasi-impossible. La logique veut que si l'État démocratique ne peut pas le recevoir, il ne peut pas l'exercer. Et s'il l'exerce néanmoins, il usurpe une autorité qui ne lui appartient pas — non par excès de zèle, mais par vice structurel originel.

4.1.3 — Le vice du consentement au contrat social

L'objection la plus fréquente mérite d'être traitée avec rigueur. On dira : l'associé, en participant au contrat social, a consenti à être soumis à la loi pénale. Ce consentement est la source de la légitimité de la justice pénale dans l'espace démocratique.

Cette objection est insuffisante pour une raison décisive : elle confond le contenu du contrat avec son objet.

Le contrat social, dans sa formulation canonique par Rousseau, Locke et Jefferson, porte sur un objet précis : les associés transfèrent à l'État une partie de leur liberté naturelle en échange de la protection

---

[138] Berman, H. J. (1983). Law and Revolution: The formation of the Western legal tradition. Harvard University Press. Sur les origines canoniques des catégories juridiques pénales.

[139] Rousseau (1762/2001), op. cit.

[140] Berman (1983), op. cit.

de leurs droits civils[141]. L'objet du contrat est civil. Il concerne la protection des personnes, des propriétés, et des libertés. Il ne porte pas - il ne peut pas porter - sur le jugement du caractère moral ou de la faute morale, parce que ce jugement n'est pas dans la nature civile de l'associé[142]. Qui n'aime mieux, si on la soupçonnait avoir un déficit de moralité, il ne pouvait pas entrer en contrat. Ce dernier serait vicié et nul. Or, l'État démocratique est bel et bien existé.

Aussi, dire que l'associé a consenti au jugement de sa faute morale en signant le contrat social, c'est dire qu'il a délégué à l'État quelque chose qu'il ne possédait pas. Et un contrat qui porte sur un objet que l'une des parties ne possède pas est, en droit, nul et de nul effet[143].

La conséquence est radicale : si le contrat social ne peut pas porter sur le jugement de la faute morale, alors la justice pénale, qui repose sur ce jugement, n'a pas de fondement contractuel dans l'espace démocratique. Elle s'exerce au nom d'une délégation qui n'a jamais existé.

4.1.4 — La mutation ontologique comme fondement

La formulation la plus précise de l'incompétence ratione personae est celle-ci : la transition démocratique a changé ipso facto le statut de l'individu - et ce changement emporte, de plein droit et sans qu'aucune disposition supplémentaire soit nécessaire, l'incompétence de toute institution fondée sur l'ancien statut.

Ipso facto, l'incompétence découle automatiquement du fait même. Non pas par une réforme ultérieure. Non pas par une disposition expresse. Mais par la logique interne de la transition elle-même. En proclamant que l'individu est un associé souverain - source du pouvoir, titulaire de droits inhérents, non sujet d'une

[141] Rousseau (1762/2001), op. cit.

[142] Locke (1689/1992), op. cit.

[143] Hobbes (1651/2012), op. cit.

autorité qui le transcende – l'accord est scellé - les révolutions démocratiques ont, par ce seul acte, soustrait l'individu au jugement moral institutionnel[144].

Ainsi, il y a une contradiction performative insurmontable dans le fait de proclamer l'individu source de tout pouvoir et de le soumettre simultanément au jugement de sa faute morale par une institution qu'il n'a pas créée pour cet objet. L'associé souverain ne peut pas être traité comme un sujet moral sans que cette contradiction ne vicie l'acte lui-même.

Cette contradiction n'est pas rhétorique. Elle est constitutive. Elle signifie que chaque fois qu'un tribunal pénal prononce la culpabilité morale d'un associé dans une démocratie, il accomplit un acte pour lequel il n'a pas de mandat — un acte dont la prémisse contredit le fondement de l'ordre dans lequel il prétend agir[145].

4.1.5 — Qu'advenait-il au contrat si le caractère était un critère valide ?

L'argument peut être poussé plus loin encore, et c'est dans cette direction que la démonstration atteint son terme logique le plus fort.

Supposons, pour les besoins de l'argument, que le jugement de caractère soit un critère valide dans l'espace démocratique. Supposons que l'État puisse légitimement évaluer la nature morale de l'individu, sonder ses intentions, juger sa culpabilité intérieure.

Cette supposition génère immédiatement une conséquence que ses défenseurs n'ont pas mesurée : si le caractère moral peut être un critère juridique dans l'ordre civil, alors le contrat social lui-même est susceptible d'être vicié par le caractère des parties qui l'ont conclu.

---

[144] Rousseau (1762/2001), op. cit.

[145] Locke (1689/1988), op. cit.

Or le contrat social repose sur une prémisse fondamentale : l'individu-associé est capable de consentir, de déléguer, de contracter. Cette capacité est civile — elle ne présuppose que le caractère moral de chaque associé ne relève pas du contrat pour avoir des droits. Il est, en tant qu'associé civil, la source du pouvoir. Il lui suffit d'exister comme personne civile[146].

Si l'on introduit le caractère moral comme critère de la relation entre l'individu et l'État et maintenir la justice pénale, on détruit ce fondement. Car un État qui peut juger le caractère de ses membres peut aussi en tirer des conséquences sur leur capacité contractuelle. Et un État dont les membres sont moralement défaillants — ce que la justice pénale affirme chaque jour en condamnant des milliers d'entre eux - serait un État fondé sur un contrat vicié, conclu par des parties dont la nature morale était insuffisante.

La conclusion est paradoxale mais irréfutable : introduire le jugement de caractère dans l'espace démocratique ne renforce pas l'État - il le dissout. Car si le caractère compte, le contrat qui fonde l'État est vicié par la nature de ceux qui l'ont conclu. Et si le contrat est vicié, l'État lui-même n'existe pas comme entité normale et civile issue du contrat social[147].

La logique déductive impose que l'unique façon de maintenir la cohérence interne de l'ordre démocratique est de l'expurger entièrement du jugement de caractère - ce que la justice pénale, précisément, l'empêche de faire.

4.1.6 — La constitutionnalité apparente produit-elle la compétence réelle ?

L'objection juridique la plus prévisible est formelle : la justice pénale est constitutionnelle. Elle est inscrite dans les codes fondamentaux

---

[146] Kelsen (1934/1999), op. cit.

[147] Jefferson (1776), op. cit.

de chaque État démocratique. Sa compétence ratione personae est établie par la loi.

Cette objection confond deux niveaux que Kelsen a distingués avec une précision définitive : la validité formelle d'une norme dans la hiérarchie normative et sa légitimité substantielle mesurée à l'aune des principes qui fondent cette hiérarchie[148]. Ainsi, une norme peut être formellement valide - c'est-à-dire adoptée selon les procédures prévues, inscrite dans le corpus législatif, appliquée par des juridictions régulièrement constituées - et substantiellement illégitime, parce qu'elle contredit les principes qui donnent leur sens aux normes supérieures dont elle tire sa validité.

La justice pénale se trouve dans une situation structurellement analogue. Sa constitutionnalité formelle est réelle. Sa légitimité substantielle, mesurée à l'aune de la nature de l'associé souverain et du contrat social qui fonde l'État démocratique, est viciée à la source. Et comme pour l'esclavage, cette contradiction ne peut être résolue par la réforme — elle peut seulement être résolue par la substitution.

4.1.7 — Le paradoxe de l'aveu

Le paradoxe de l'aveu illustre l'incompétence ratione personae avec une clarté que nul argument abstrait ne peut égaler.

Dans tous les systèmes pénaux du monde démocratique, l'aveu de l'accusé est traité comme la preuve la plus forte de sa culpabilité. Cette primauté de l'aveu n'est pas anodine - elle est révélatrice. Elle est la trace directe de la procédure inquisitoriale médiévale, où l'aveu était la *regina probationum*, la reine des preuves, parce qu'il signifiait que l'accusé reconnaissait non seulement le fait, mais la faute morale - qu'il se confessait[149].

[148] Kelsen, H. (1934/1999). Théorie pure du droit (C. Eisenmann, trad.). LGDJ.

[149] Kant (1785/1994), op. cit.

Dans l'ordre théocratique, cela est cohérent. Le but du jugement est de restaurer l'ordre moral. L'aveu du pécheur - sa reconnaissance de la faute, son consentement à l'expiation - est la clé de voûte du processus. Sans aveu, il peut y avoir condamnation, mais sans réconciliation avec l'ordre moral transgressé.

Dans l'ordre démocratique, cette logique est structurellement déplacée. L'État démocratique n'a pas pour mission de restaurer l'ordre moral - il a pour mission de réparer les torts et de protéger les droits[150]. Dans ce cadre, ce qui compte n'est pas la reconnaissance de la faute intérieure - c'est la réparation du tort concret causé à un associé concret. L'aveu n'a de sens que dans un système qui juge l'être. Dans un système qui traite les torts, seul le fait compte – non l'intention intérieure, non la reconnaissance morale, non la contrition[151].

Le fait que la justice pénale continue de placer l'aveu au sommet de la hiérarchie des preuves, deux siècles et demi après les révolutions démocratiques, démontre qu'elle fonctionne encore selon la logique du jugement de l'être - la logique théocratique - dans un espace qui a officiellement renoncé à cette logique.

Conclusion du Chapitre -

L'incompétence ***ratione personae*** de la justice pénale dans l'espace démocratique est établie à quatre niveaux distincts et convergents.

Au niveau ontologique : la transition démocratique a changé ipso facto le statut de l'individu. Il est passé du statut de « Sujet de droits à l'associé souverain ». Ainsi, l'associé souverain ne peut pas être soumis au jugement de sa faute morale par une institution dont le mandat est civil.

Au niveau contractuel : le contrat social ne peut pas porter sur le jugement de la faute morale, parce que ce pouvoir n'est pas dans la

[150] Kelsen (1934/1999), op. cit.

[151] Ibid.

nature civile de l'associé. La délégation sur laquelle repose la justice pénale est nulle dans son objet.

Au niveau logique : introduire le jugement de caractère dans l'espace démocratique vicie le contrat social lui-même, et donc l'État qui en est issu. L'État démocratique ne peut pas juger le caractère de ses membres sans se dissoudre conceptuellement.

Au niveau formel : la constitutionnalité apparente de la justice pénale ne produit pas sa légitimité substantielle, exactement comme la constitutionnalité de l'esclavage ne produisait pas sa légitimité.

Ces quatre constats convergent vers une seule conclusion : la justice pénale est incompétente à juger l'associé souverain — non parce qu'elle fonctionne mal, mais parce qu'elle ne peut pas fonctionner autrement dans un espace dont les prémisses excluent structurellement le jugement moral institutionnel.

CHAPITRE 4.2 — L'INCOMPÉTENCE RATIONE MATERIAE DE LA JUSTICE PÉNALE

L'incompétence ratione materiae est l'incapacité d'une juridiction à connaître d'une affaire en raison de la nature de la matière qu'elle prétend traiter. Un tribunal administratif ne peut pas juger un litige commercial. Un tribunal civil ne peut pas prononcer une peine privative de liberté. Dans chaque cas, le défaut n'est pas dans la procédure - il est dans l'objet même que la juridiction prétend saisir.

La justice pénale souffre dans l'espace démocratique d'une incompétence ratione materiae d'une profondeur que les deux chapitres précédents permettent maintenant de mesurer pleinement. La matière qu'elle prétend traiter - la faute morale transcendante, la violation d'un ordre qui dépasse les parties - n'existe pas dans l'ordre démocratique comme catégorie institutionnellement valide. Et ce qui n'existe pas ne peut pas être traité. On ne peut pas être compétent pour connaître d'une matière qui n'a pas de réalité dans l'espace juridique où l'on prétend l'appliquer.

4.2.1 — La catégorie « crime » dans l'espace démocratique

Le mot « crime » est lui-même une anomalie dans le vocabulaire démocratique. Son étymologie le révèle sans ambiguïté : crimen, en latin, désigne l'accusation, le chef d'inculpation - mais surtout la faute qui mérite le jugement divin.

Dans la tradition juridique romaine tardive et médiévale, le crimen est intrinsèquement moral : c'est la transgression d'un ordre sacré, la violation d'une norme qui transcende les parties[152].

Dans l'ordre démocratique, qui ne reconnaît aucun ordre transcendant et ne connaît que les torts entre associés, le mot « crime » est une survivance linguistique de l'ordre qu'il a remplacé. L'ordre démocratique transporte avec lui, dans le vocabulaire civil, la prémisse théologique qu'il était censé avoir abandonnée : l'idée qu'il existe des actes qui sont, par nature, moralement condamnables — non pas parce qu'ils causent un tort à une personne, mais parce qu'ils violent un ordre qui les transcende.

C'est une anomalie d'appellation. Et comme toutes les anomalies d'appellation, elle révèle une anomalie de substance : l'État démocratique continue de traiter une catégorie théologique comme si elle était une catégorie civile valide.

4.2.2 — La frontière ontologique entre le crime et le tort civil

La démonstration la plus directe de l'incompétence ratione materiae est l'arbitraire de la frontière entre le crime et le tort civil.

Le même acte - frapper quelqu'un, s'emparer de ses biens, causer un dommage - peut être traité soit comme un crime pénal, soit comme un tort civil, selon des critères qui varient selon les époques, les sociétés et les décisions politiques du moment[153]. Il n'existe pas de frontière ontologique stable entre les deux catégories. Ce qui constitue un crime aujourd'hui était un tort civil hier, et pourrait être décriminalisé demain. Ce que la France traite comme un délit, l'Allemagne peut le traiter comme une infraction administrative. Ce

[152] Peters (1988), op. cit.

[153] Feinberg (1970), op. cit.

que les États-Unis poursuivent pénalement, les Pays-Bas le gèrent par voie de sanction civile.

Cette variabilité n'est pas un défaut de cohérence que la réforme pourrait corriger. C'est la preuve que la catégorie « crime » n'a pas de fondement dans la réalité observable des comportements. Si le crime était une catégorie objective - définie par des propriétés mesurables de l'acte lui-même - sa définition serait stable à travers le temps et l'espace. Or elle ne l'est pas. Elle est construite - construite politiquement, symboliquement, culturellement - sur la base de jugements moraux collectifs qui varient[154].

Douglas Husak a documenté avec précision ce qu'il appelle la sur-criminalisation : la tendance des sociétés modernes à multiplier les infractions pénales bien au-delà de tout fondement rationnel[155]. Aux États-Unis, il existe des milliers d'infractions fédérales dont la plupart des citoyens ignorent l'existence. Cette inflation ne reflète pas une réalité morale objective qui se serait enrichie - elle reflète des décisions politiques successives sur ce que l'État choisit de condamner symboliquement. Le crime n'est pas découvert. Il est fabriqué.

4.2.3 — Le comportement déviant dans l'imaginaire démocratique

La thèse que ce chapitre entend établir va plus loin que le simple arbitraire de la frontière pénale/civil. Elle est plus fondamentale : les comportements dits déviants ne sont pas caractérisés en tant que tels - ni dans l'ordre démocratique, ni dans l'ordre théocratique lui-même.

---

[154] Frankfurt (1969), op. cit.

[155] Liddell, H. G., & Scott, R. (1940). A Greek English Lexicon (9e éd.). Oxford University Press, entrée « poiné ». Aeschylus, The Oresteia (trad. R. Fagles, 1977). Penguin Classics.

Cette affirmation mérite d'être expliquée avec soin, car elle va à l'encontre de l'intuition commune.

Dans l'ordre théocratique, on pourrait croire que la définition du crime est stable et objective : c'est la transgression de la loi divine. Mais cette apparente stabilité est illusoire. La loi divine elle-même est interprétée - par les prêtres, les théologiens, les juristes canoniques. Ce qui traduit qu'une transgression varie selon les époques, les traditions religieuses, les contextes politiques. Ainsi, l'hérésie constituait un crime capital en 1200 et n'existe plus comme catégorie juridique en 1800.

La sorcellerie était poursuivie par l'Inquisition et ignorée par les tribunaux modernes[156]. L'usure était un péché mortel et un crime au Moyen Âge - elle est le fondement de l'économie moderne.

Si le comportement déviant n'est pas caractérisé de manière stable et objective même dans un ordre théocratique qui dispose d'une référence transcendante fixe - la loi divine - il est à fortiori impossible de le caractériser dans un ordre démocratique qui a renoncé à toute référence transcendante. L'ordre démocratique n'a pas de loi divine pour définir la transgression. Il n'a que des torts civils - des dommages concrets causés à des associés concrets, mesurables, réparables[157].

4.2.4 — L'apport décisif des théories criminologiques

Les recherches criminologiques des deux derniers siècles ont produit un résultat qui, pris au sérieux, dissout la notion même de crime

[156] Husak, D. (2008). Overcriminalization: The limits of the criminal law. Oxford University Press.

[157] Feinberg (1970), op. cit.

comme catégorie valide.

La criminologie positive, fondée par Lombroso au XIXe siècle, cherchait à identifier le « criminel-né » - un type humain biologiquement déterminé à commettre des infractions. Ce projet a été scientifiquement réfuté. Toutefois, la réfutation elle-même est instructive. Elle a démontré que le comportement criminel n'est pas une propriété inhérente à certains individus, mais le produit de conditions observables[158].

Durkheim a posé la conclusion la plus décisive en 1895 en disant que le crime est un fait social normal[159]. Non pas normal au sens de souhaitable - mais normal au sens de structurellement inévitable dans toute société.

Il n'existe pas de société sans comportements déviants, parce que la déviance est définie par rapport à une norme, et toute norme produit mécaniquement des comportements qui s'en écartent. Le crime n'est pas l'exception pathologique d'un ordre sain - il est la conséquence structurelle de l'existence d'un ordre normatif quelconque.

Cette conclusion a une implication radicale pour notre démonstration : si le crime est socialement construit - si ce qui est criminel dans une société ne l'est pas dans une autre, si ce qui est criminel aujourd'hui ne l'était pas hier - alors la justice pénale ne traite pas une réalité objective. Elle traite une construction sociale variable, fondée sur des jugements moraux collectifs qui n'ont aucune base scientifique stable.

Les théories de l'étiquetage (labeling theories), développées par Howard Becker dans les années 1960, ont approfondi ce constat[160]. Becker a démontré que la déviance n'est pas une propriété de l'acte lui-même - elle est le produit d'un processus d'étiquetage social par lequel certains comportements, et certains individus, se voient appliquer la catégorie « criminel ». Ce processus est sélectif, biaisé, et

[158] Husak (2008), op. cit.

[159] Peters (1988), op. cit.

[160] Zedner (2004), op. cit.

structurellement lié aux rapports de pouvoir dans la société : les comportements des populations marginalisées sont davantage étiquetés comme criminels que les comportements équivalents des populations dominantes[161].

Edwin Sutherland avait anticipé ce constat en démontrant que les crimes en col blanc - fraudes, malversations, violations de réglementations - causent des dommages économiques et sociaux considérablement plus importants que la criminalité de rue, mais sont systématiquement sous-poursuivis, sous-condamnés, et sous-punis[162]. La frontière entre le crime et l'acte légal ne suit pas la frontière du dommage causé - elle suit la frontière du statut social de ceux qui commettent les actes.

Ces résultats convergent vers une conclusion unique : la catégorie « crime » n'est pas définie par des propriétés objectives et mesurables des comportements. Elle est définie par des jugements moraux sélectifs qui varient selon le temps, l'espace et le statut social. Elle n'est pas une catégorie scientifique - c'est une catégorie politique et morale.

4.2.5 — La dissolution de la mens rea

La ***mens rea*** repose sur une prémisse philosophique précise à savoir l'individu est un agent moral libre, capable de choisir entre le bien et le mal, et responsable de son choix. Cette prémisse est théologique dans ses origines. Elle correspond au libre arbitre de la tradition augustinienne et thomiste. Elle est la prémisse fondamentale de tout le droit pénal depuis l'Inquisition jusqu'à aujourd'hui[163].

---

[161] Durkheim (1895/1988), op. cit.

[162] Ibid.

[163] Becker (1963), op. cit.

La criminologie scientifique a progressivement dissous cette prémisse[164]. Les recherches sur les facteurs biologiques, neurologique, psychologiques et sociaux du comportement criminel ont établi que les individus qui commettent des infractions sont, dans leur immense majorité, des personnes dont les choix sont structurellement contraints par des conditions que la science peut mesurer et que l'État avait la responsabilité de prévenir[165].

Le raisonnement procède en trois propositions enchaînées. La première : la science établit que le comportement humain - y compris le comportement criminel - est produit sous l'effet de conditions qui contraignent la volonté de manière mesurable.

La deuxième : le droit reconnaît universellement que la contrainte exclut l'infraction - vis compulsiva, état de nécessité, contrainte irrésistible - parce qu'elle détruit la mens rea[166].

Ce n'est pas une réfutation philosophique de la justice pénale. C'est une réfutation scientifique. La science ne détruit pas la ***mens rea*** dans l'ordre démocratique seulement - elle la détruit universellement.

La contrainte était une réalité à Babylone comme elle l'est aujourd'hui. La justice pénale n'a jamais été scientifiquement justifiée. Elle a seulement opéré avant que la science soit en mesure de la réfuter.

---

[164] Alexander (2010), op. cit.

[165] Sutherland, E. H. (1949). White collar crime. Dryden Press. Sur la sous-criminalisation des comportements nuisibles des classes dominantes et l'arbitraire de la frontière pénale.

[166] Foucault (1975), op. cit.

4.2.6 — La fonction expressive comme aveu involontaire

Certains défenseurs de la justice pénale, conscients de l'échec des justifications utilitaires, se replient sur une justification expressiviste : la peine a pour fonction d'exprimer la condamnation morale de la société à l'égard de l'acte commis. Joel Feinberg a formulé cette théorie avec précision[167]. Cette justification est honnête. Elle ne prétend pas à des effets pratiques mesurables — elle reconnaît que la peine est avant tout un acte symbolique, une déclaration collective sur les valeurs de la communauté.

Mais cette honnêteté est, pour notre démonstration, un aveu involontaire. Car si la peine a pour fonction d'exprimer la condamnation morale de l'État, elle suppose que l'État est légitime à porter des jugements moraux sur le comportement de ses membres. Or c'est précisément ce que l'ordre démocratique lui interdit structurellement. L'État civil et non confessionnel n'a pas de position morale sur les comportements de ses membres - il n'a que des positions civiles sur les torts causés entre eux[168].

En affirmant que la peine est expressive, Feinberg confirme sans le vouloir que la justice pénale remplît une fonction théologique dans l'espace démocratique. Elle est le mécanisme par lequel l'État qui ne devrait pas avoir de morale exprime une morale. Cette contradiction n'est pas réparable par la théorie - elle est inhérente à la nature de l'institution.

Conclusion du Chapitre IV.2

L'incompétence ratione materiae de la justice pénale est établie à trois niveaux convergents.

[167] Durkheim (1895/1988), op. cit.

[168] Wacquant (2009), op. cit.

Au niveau conceptuel : la catégorie « crime » est une anomalie d'appellation dans le vocabulaire démocratique. Elle transporte une prémisse théologique - la transgression d'un ordre transcendant - dans un espace qui a officiellement renoncé à tout ordre transcendant.

Au niveau empirique : les comportements dits déviants ne sont pas caractérisés de manière stable et objective, ni dans l'ordre démocratique, ni dans l'ordre théocratique lui-même. La criminologie a démontré que le crime est une construction sociale variable, définie par des jugements moraux sélectifs sans fondement scientifique stable.

Au niveau scientifique : la ***mens rea*** - l'élément constitutif central de tout crime pénal - est empiriquement dissoute par la recherche criminologique qui établit la contrainte structurelle pesant sur les comportements déviants. La science ne réfute pas la ***mens rea*** dans l'espace démocratique seulement - elle la réfute universellement.

La justice pénale prétend traiter une matière - la faute morale transcendante - qui n'existe pas comme réalité objective dans l'espace où elle opère. Elle est incompétente ratione materiae non pas parce qu'elle dépasse ses attributions formelles, mais parce que sa matière même est une construction théologique que ni la démocratie ni la science ne peuvent valider.

CHAPITRE 4.3 — L'INCOMPÉTENCE RATIONE LOCI — L'ORPHELINE HORS DE SON ENVIRONNEMENT

Les deux incompétences précédentes sont des incompétences de droit. L'incompétence ratione personae porte sur la qualité de la personne jugée - l'associé souverain ne peut pas être soumis au jugement de sa faute morale. L'incompétence ratione materiae porte sur la nature de la matière traitée - la faute morale transcendante n'existe pas comme catégorie valide dans l'ordre démocratique.

L'incompétence ratione loci est d'un ordre différent - et peut-être plus révélateur encore. Elle ne porte pas sur ce que la justice pénale juge, ni sur qui elle juge. Elle porte sur l'espace dans lequel elle opère. La justice pénale est structurellement déplacée - elle est dans un territoire qui n'est pas le sien, pour lequel elle n'a pas été conçue, et dont les lois internes lui sont radicalement étrangères.

La métaphore de l'orpheline prend ici toute sa dimension. L'orpheline ne vient pas de la maison démocratique - elle vient de l'ordre théocratique qui l'a engendrée, nourrie, structurée. Elle porte en elle les catégories, la logique, les réflexes de cet ordre. Et elle a été transplantée, sans transformation de sa nature, dans un espace dont les lois fondamentales contredisent à chaque instant les prémisses qui la constituent.

4.3.1 — Le territoire démocratique comme environnement séculier

La notion d'incompétence ratione loci, dans son sens traditionnel, désigne l'incapacité d'une juridiction à connaître d'une affaire en raison du lieu où les faits se sont produits ou des parties qui y sont impliquées - un tribunal français ne peut pas juger un acte commis au Japon entre deux ressortissants japonais.

Appliquée à la justice pénale dans l'espace démocratique, cette notion prend un sens plus profond : le territoire démocratique est un environnement structurellement séculier hostile aux prémisses de la justice pénale. Non pas parce qu'il lui interdit formellement d'opérer - il lui a au contraire accordé une légitimité constitutionnelle. Plutôt, parce que les lois fondamentales qui gouvernent cet espace contredisent à chaque niveau les prémisses sur lesquelles la justice pénale est construite.

Ce n'est pas un conflit de normes que la hiérarchie juridique peut résoudre. C'est un conflit de civilisation — entre l'ordre théocratique qui a produit la justice pénale et l'ordre démocratique qui prétend l'héberger. Deux ordres dont les logiques s'excluent mutuellement, contraints de coexister dans le même espace juridique[169].

4.3.2 — La cartographie de l'incompatibilité

Pour comprendre pourquoi le territoire démocratique est inapproprié à la justice pénale, il faut dresser la cartographie de leurs incompatibilités fondamentales. L'ordre théocratique, qui a engendré la justice pénale, repose sur cinq prémisses constitutives.

La légitimité descend d'une source transcendante.

L'individu est un sujet soumis à cette autorité.

---

[169] Frankfurt (1969), op. cit.

La transgression est une faute morale - péché, impureté, violation de l'ordre sacré. La réponse à la transgression est l'expiation - souffrance purificatrice qui restaure l'ordre moral. Et l'institution chargée de ce processus tient sa compétence de la même source transcendante qui définit la faute[170].

L'ordre démocratique repose sur cinq prémisses exactement opposées. La légitimité monte du consentement des associés.

L'individu est la source du pouvoir, non son destinataire.

La nature civile du contrat attribue toute transgression pertinente au tort civil — dommage mesurable causé à un associé.

La réponse appropriée est la réparation — restauration de l'équilibre civil entre associés.

Et l'institution chargée de ce processus tient sa compétence de la délégation civile des associés[171].

Ces dix prémisses forment deux systèmes cohérents et complets. Chaque prémisse de l'un invalide la prémisse correspondante de l'autre. Ils ne peuvent pas coexister sans que l'un ne vicie l'autre. Et c'est précisément ce qui se produit dans chaque démocratie du monde : la justice pénale, opérant sur le territoire démocratique avec les prémisses théocratiques, vicie à chaque instant la cohérence de l'ordre dans lequel elle prétend s'inscrire.

4.3.3 — La transition et le territoire démocratique

La thèse centrale de ce chapitre peut être formulée ainsi : la transition démocratique n'a pas seulement changé le statut de l'individu et interdit le jugement de la faute morale. Elle a transformé le territoire lui-même — elle a rendu l'espace juridique démocratique structurellement impropre à accueillir la justice pénale.

---

[170] Rawls (1971), op. cit.

[171] Feinberg (1970), op. cit.

Cette transformation est irréversible. Elle n'est pas le résultat d'une décision politique qui pourrait être annulée. Elle est la conséquence logique des principes proclamés en 1776, 1789 et 1804. En affirmant que l'individu est la source du pouvoir, que la légitimité monte, que l'État est civil et non confessionnel, ces révolutions ont redéfini les règles fondamentales de l'espace juridique[172].Et ces règles font de la justice pénale un corps étranger — non par hostilité consciente, mais par incompatibilité structurelle.

La métaphore biologique est éclairante. Un organe transplanté dans un organisme étranger n'est pas rejeté parce que l'organisme le « déteste » — il est rejeté parce que ses antigènes ne correspondent pas aux codes de l'hôte. La justice pénale est le greffon théocratique que l'organisme démocratique ne peut pas assimiler. Deux siècles et demi d'immunosuppresseurs — réformes, humanisation des peines, garanties procédurales — n'ont pas résolu le rejet. Ils l'ont seulement retardé et masqué[173].

4.3.4 — Le symbolisme de la théocratie dans l'espace démocratique

La justice pénale est, dans son essence, un outil expressif[174]. Elle ne produit pas des réparations — elle exprime des condamnations morales. Elle ne restaure pas les victimes — elle restaure l'ordre moral transgressé. Elle ne protège pas les droits — elle sanctionne les fautes.

---

[172] Locke (1689/1992), op. cit.

[173] Comte (1830–1842/1975), op. cit.

[174] Berman (1983), op. cit.

Dans l'ordre théocratique, cette fonction expressive est cohérente et nécessaire. L'ordre théocratique a besoin d'affirmer en permanence ses normes morales — de les rendre visibles, de les incarner dans des rituels de jugement et d'expiation publics. La peine est le langage par lequel l'ordre théocratique parle à lui-même et à ses sujets. Elle dit : voici ce qui est pur et impur, permis et interdit, conforme et déviant. Elle maintient la cohésion morale d'une communauté organisée autour d'une référence transcendante partagée[175].

Dans l'ordre démocratique, cette fonction expressive devient une anomalie constitutive. L'État démocratique n'a pas de norme morale à exprimer — il a des droits à protéger et des torts à réparer. Il n'a pas de communauté morale à maintenir — il a une association civile à gouverner. Lorsqu'il inflige une peine pour « exprimer la condamnation morale de la société », il usurpe une fonction qui n'est pas la sienne dans l'ordre où il opère[176].

Et cette usurpation est d'autant plus problématique qu'elle est invisible à ceux qui la commettent. Les juristes, les juges, les procureurs qui opèrent dans cet espace ne se perçoivent pas comme les agents d'une fonction théologique. Ils se perçoivent comme les gardiens de l'ordre public. Mais l'ordre qu'ils gardent n'est pas l'ordre démocratique — c'est l'ordre moral hérité de la théocratie, maintenu sous les apparences de la légalité civile.

---

[175] Rousseau (1762/2001), op. cit.

[176] Arendt (1963), op. cit.

4.3.5 — L'échec empirique des trois justifications

L'incompétence ratione loci — le fait que la justice pénale opère dans un territoire qui lui est structurellement hostile — doit logiquement se traduire par un échec empirique. Un outil conçu pour un environnement donné ne fonctionne pas dans un environnement différent.

Cet échec est avéré et documenté. La justice pénale ne parvient à se justifier par aucune des trois rationalités qu'elle a successivement avancées pour légitimer son existence dans l'espace démocratique.

La dissuasion : les recherches de Nagin, synthétisant des décennies de littérature criminologique, établissent que la certitude de la sanction a un effet dissuasif modéré et marginal, mais que la sévérité de la peine — l'incarcération prolongée, la peine de mort — n'a pas d'effet dissuasif démontrable[177].

Augmenter les peines, multiplier les incarcérations, allonger les durées de détention : aucune de ces mesures n'a produit de diminution durable de la criminalité dans aucune société démocratique. La dissuasion ne fonctionne pas parce que les comportements déviants ne sont pas le produit d'un calcul rationnel que la menace de sanction pourrait modifier — ils sont le produit de conditions structurelles que la menace ne touche pas[178].

La réhabilitation : Cullen et Gendreau ont établi que les programmes qui réduisent effectivement la récidive — ceux centrés sur l'emploi, l'éducation, la santé mentale, la réintégration sociale — n'ont pas besoin de la prison pour fonctionner[179].La prison n'est pas un instrument de réhabilitation — elle y fait obstacle. Elle détruit le capital social de l'individu, coupe ses liens familiaux et professionnels, l'expose à une sous-culture criminelle, et le stigmatise

[177] Garland (2001), op. cit.

[178] Feinberg (1970), op. cit.

[179] Peters (1988), op. cit.

durablement sur le marché du travail. Les taux de récidive — 67,5 % de réarrêt dans les trois ans aux États-Unis, entre 45 % et 70 % en Europe — ne sont pas un échec de gestion[180].Ils sont la conséquence nécessaire d'une institution qui traite des phénomènes sociaux comme des fautes morales individuelles.

La rétribution : c'est la justification la plus honnête, parce qu'elle ne prétend pas à des effets pratiques. Elle dit simplement que la justice exige que le coupable souffre en proportion de sa faute. Cette justification est théologiquement cohérente — dans l'ordre théocratique, la souffrance du pécheur restaure l'ordre moral transgressé[181].

Cependant, dans l'ordre démocratique, elle est circulaire : elle présuppose que l'État est légitime à imposer des jugements moraux et des souffrances expiatoires — ce qui est précisément ce que notre démonstration nie. Elle ne justifie pas la justice pénale dans l'espace démocratique : elle en révèle l'origine théologique[182].

4.3.6 — Le vide légitimateur et ses effets

Lucia Zedner, après une analyse systématique des fondements légitimateurs de la justice pénale, conclut qu'aucune théorie existante ne parvient à justifier de manière satisfaisante l'ensemble des pratiques pénales contemporaines[183].Il y a un vide légitimateur au cœur de l'institution.

---

[180] Locke (1689/1992), op. cit.

[181] Nagin, D. S. (2013). Deterrence in the Twenty-First Century. Crime and Justice, 42(1), 199-263.

[182] Wacquant (2009), op. cit.

[183] Cullen, F. T., & Gendreau, P. (2000). Assessing Correctional Rehabilitation. Criminal Justice, 3, 109-175.

Ce vide n'est pas accidentel. Il n'est pas le produit d'une réflexion théorique insuffisante que des philosophes plus habiles pourraient combler. Il est structurel — il est la conséquence directe de la transplantation d'une institution théologique dans un territoire démocratique.

Dans son environnement naturel, la justice pénale n'avait pas besoin d'une justification externe. Elle était justifiée par l'ordre même dans lequel elle s'inscrivait. La loi divine justifiait le jugement moral. L'autorité transcendante justifiait la compétence. L'expiation justifiait la peine. Le système était auto-référentiel et cohérent[184].

Dans le territoire démocratique, cette auto-référentialité n'existe plus. L'ordre démocratique ne reconnaît pas la loi divine, n'admet pas l'autorité transcendante, et ne comprend pas l'expiation comme catégorie civile valide. La justice pénale se retrouve donc dans l'obligation de justifier son existence par des arguments empruntés à un ordre qui n'est pas le sien — utilitarisme, dissuasion, réhabilitation, protection de la société — et ces arguments échouent les uns après les autres, précisément parce qu'ils cherchent à justifier dans les termes de l'ordre démocratique une institution qui appartient à un autre ordre[185].

Le vide légitimateur est la preuve que la justice pénale est hors de son territoire. Une institution qui ne peut pas se justifier dans l'espace où elle opère n'est pas une institution réformable — c'est une institution déplacée.

---

[184] Alper (2018), op. cit.

[185] Anselme de Cantorbéry (1098), op. cit.

4.3.7 — L'incompétence ratione loci comme synthèse de la triple incompétence

L'incompétence ratione loci occupe une place particulière dans la démonstration, parce qu'elle est à la fois une incompétence distincte et la synthèse des deux précédentes.

Elle est distincte, parce qu'elle porte sur l'espace — sur le territoire juridique dans lequel la justice pénale opère, et non sur les personnes ou la matière qu'elle traite.

Mais elle est aussi la synthèse des deux incompétences précédentes, parce qu'elle en révèle la source commune. Si la justice pénale est incompétente ratione personae, c'est parce que l'associé souverain ne peut pas être jugé moralement dans l'espace démocratique. Si elle est incompétente ratione materiae, c'est parce que la faute morale n'est pas une catégorie valide dans cet espace.

Ces deux incompétences sont des manifestations particulières d'une incompatibilité plus fondamentale : la justice pénale et l'ordre démocratique appartiennent à deux espaces normatifs différents — et la coexistence de l'un dans l'autre produit une contradiction que ni la réforme, ni le temps, ni la bonne volonté ne peuvent résoudre[186].

La transition démocratique a rendu le territoire impropre. Ce n'est pas un jugement de valeur — c'est un constat de géographie normative. L'outil expressif de la théocratie opère dans un espace dont les règles fondamentales lui interdisent d'accomplir sa fonction sans violer la cohérence de l'ordre dans lequel il prétend s'inscrire.

La triple incompétence est irrémédiable par la réforme. Elle n'est pas dans le fonctionnement de l'institution — elle est dans sa nature. On ne réforme pas une incompétence constitutive. On la reconnaît, et on construit à sa place l'institution que l'espace exige.

---

[186] Tonry, M. (2004). Punishment and Politics. Willan Publishing.

Conclusion de la Partie IV

La Partie IV a établi la triple incompétence structurelle de la justice pénale dans l'espace démocratique.

Ratione personae — elle juge qui elle n'a pas le droit de juger. La transition démocratique a changé ipso facto le statut de l'individu : l'associé souverain est constitutionnellement soustrait au jugement moral institutionnel. La délégation sur laquelle repose la justice pénale est nulle dans son objet — on ne peut pas déléguer ce qu'on ne possède pas.

Ratione materiae — elle traite une matière qui n'existe pas dans l'espace démocratique. La catégorie « crime » est une anomalie d'appellation héritée de l'ordre théocratique. Les comportements déviants ne sont pas caractérisés objectivement, ni en démocratie ni en théocratie. La mens rea est scientifiquement dissoute. Et la fonction expressive de la peine révèle que l'institution accomplit, dans l'espace démocratique, la mission théologique qu'elle a toujours accomplie.

Ratione loci — elle opère dans un territoire dont les lois fondamentales lui sont hostiles. La transition démocratique a transformé l'espace juridique de manière irréversible. L'outil expressif de la théocratie ne peut pas fonctionner dans cet espace sans vider de son sens l'ordre dans lequel il prétend s'inscrire. Le vide légitimateur qui caractérise la justice pénale contemporaine est la preuve empirique de cette incompatibilité de territoire.

Ces trois incompétences convergent vers une seule conclusion : la justice pénale ne peut pas être réformée dans l'espace démocratique — elle doit y être remplacée par l'institution que cet espace exige et que la Partie VI entreprend de construire.

L'incompétence est triple et confirmée.

PARTIE V — LA JUSTICE PÉNALE, UN SYSTÈME EN CHUTE LIBRE

La Partie IV a établi la triple incompétence de la justice pénale dans l'espace démocratique. Ces trois incompétences ne restent pas abstraites — elles se traduisent, dans la réalité quotidienne des sociétés démocratiques, par des torts concrets et documentables causés à chacun des acteurs du système.

C'est l'une des preuves les plus éloquentes de l'illégitimité structurelle de l'institution. Elle exerce une pression si forte sur toutes les parties en présence. Ainsi, elle ne détruit pas seulement ceux qu'elle est censée punir. Elle broie même ceux-là qui la servent, ceux qu'elle est censée protéger, les communautés dans lesquelles elle opère, et l'idéal démocratique qu'elle prétend incarner.

La logique est qu'une institution qui cause du tort à tous ses acteurs n'est pas une institution défaillante. C'est plutôt une institution structurellement destructrice — dont le fonctionnement normal produit des dégâts que son fonctionnement exceptionnel ne suffit pas à expliquer[187].

La Partie V documente cette destruction en trois chapitres : les acteurs institutionnels qui servent le système, le condamné qui lui est soumis, et la société dans son ensemble qui en subit les conséquences diffuses mais profondes.

[187] Zedner (2004), op. cit.

CHAPITRE 5.1 — LE POIDS DE LA JUSTICE PÉNALE SUR LES ACTEURS INSTITUTIONNELS

La justice pénale exige de ceux qui la servent quelque chose de structurellement impossible : appliquer les catégories d'un ordre moral dans un espace qui a officiellement renoncé au jugement moral. Cette contradiction ne peut pas être résolue par la formation ou les réformes de procédure. Elle est inscrite dans la nature de la mission — et elle produit, sur ceux qui la portent, des pathologies prévisibles et documentées que ce chapitre recense[188].

Paradoxalement, le système pénal est si étranger à l'environnement démocratique que sa première victime est souvent celui qui le sert. Policier, procureur, juge : chacun entre dans l'institution avec un idéal et en ressort transformé par ses logiques internes. La justice pénale ne détruit pas seulement ceux qu'elle condamne — elle détruit progressivement ceux qui la font fonctionner, par l'effet cumulatif d'une demande institutionnelle que la psychologie humaine ne peut pas satisfaire sans coût[189].

5.1.1 — Le policier

Le policier est l'interface directe entre le citoyen et la justice pénale. Il est le premier maillon de la chaîne — celui qui applique concrètement, dans la rue, les catégories d'une institution conçue pour un autre ordre. Sa position est structurellement contradictoire : il est à la fois un associé souverain parmi ses pairs et l'agent d'une

[188] Berman (1983), op. cit.

[189] Garland (2001), op. cit.

institution qui en classe certains comme moralement inférieurs et méritant la punition. Cette contradiction le définit et le consume progressivement[190].

La justice pénale place le policier dans une contradiction structurelle dont il ne peut pas sortir sans dommage. Il est formé à suspecter, à contrôler, à dominer — non à protéger et à réparer. Il est évalué sur le nombre d'arrestations, non sur la qualité de ses relations avec la communauté qu'il est censé servir. Et il est envoyé, chaque jour, appliquer les catégories d'une justice morale dans un espace qui a officiellement renoncé au jugement moral[191].

5.1.2 — La culture institutionnelle contre l'idéal citoyen

Imaginons un jeune homme qui entre dans la police avec un idéal sincère : protéger les citoyens, maintenir l'ordre, servir sa communauté. Très tôt, il découvre que l'institution dans laquelle il est entré a ses propres logiques — logiques qui ne correspondent pas à cet idéal.

L'étude fondatrice de Skolnick sur la culture policière a identifié, dès les années 1960, les mécanismes par lesquels l'institution policière produit des comportements systématiquement contraires aux principes qu'elle est censée servir[192].Le « clan du secret », la solidarité corporatiste au détriment de la vérité, la déshumanisation progressive de ceux que le policier est censé protéger — ces phénomènes ne sont pas des déviations individuelles. Ils sont les produits prévisibles d'une institution dont la logique fondamentale — surveiller, arrêter, punir — est structurellement incompatible avec la logique de l'association civile démocratique.

190 Kelsen (1934/1999), op. cit.

191 Garland (2001), op. cit.

192 Skolnick (1966), op. cit.

5.1.3 — L'effet dévastateur sur ceux qui la servent

Aux États-Unis, le taux de suicide chez les policiers est systématiquement supérieur au taux de décès en service[193]. Dans les forces de police de toutes les démocraties, le burn-out, le stress post-traumatique, l'alcoolisme et les violences domestiques sont surreprésentés. Ces pathologies ne sont pas le résultat de personnalités fragiles — elles sont la conséquence prévisible d'une demande institutionnelle contradictoire.

L'État démocratique demande à ses associés quelque chose de structurellement impossible : être simultanément des associés souverains égaux en dignité et en droits, et des agents d'une justice pénale qui classe certains de leurs semblables comme moralement inférieurs et méritant l'expiation. Cette contradiction ne peut pas être résolue par la formation ou la réforme de procédure. Elle est inscrite dans la nature même de la mission.

5.1.4 — Le procureur

Le procureur est l'une des figures les plus puissantes et les moins examinées du système pénal. Il décide qui poursuivre, pour quoi, et avec quelle sévérité. Sa discrétion est considérable — mais la logique institutionnelle dans laquelle elle s'exerce transforme cette discrétion en instrument de distorsion systématique de la justice au détriment des associés qu'elle est censée servir[194].

Le procureur incarne la tension la plus visible entre l'idéal démocratique et la logique pénale. Il est le représentant de l'État — donc de l'ensemble des associés — dans un procès qui oppose cet

[193] Ibid.

[194] Ibid.

État à l'un de ses membres. Mais la logique dans laquelle il opère n'est pas celle de la représentation civile — c'est celle de la victoire[195].

5.1.5 — La logique de la victoire

Le procès pénal est conçu comme un combat entre l'accusation et la défense. Le procureur gagne quand il obtient une condamnation. Le succès d'une carrière se mesure en taux de condamnation, non en qualité de justice rendue. Cette logique produit des distorsions profondes : elle incite à maximiser les charges, à utiliser les peines maximales comme levier de négociation, à accepter des témoignages douteux d'informateurs récompensés pour leur coopération[196].

Bibas a documenté comment le plea bargaining américain — où plus de 95 % des affaires se règlent sans procès — transforme la justice pénale en un marché de la culpabilité. L'accusé ne choisit pas entre la culpabilité et l'innocence — il calcule le risque entre une condamnation négociée et une condamnation maximale. Dans cette négociation, le rapport de forces est structurellement déséquilibré : l'État dispose de ressources infiniment supérieures et de la détention provisoire comme outil de pression[197].L'innocence n'est pas une protection — elle est un facteur de calcul parmi d'autres.

5.1.6 — La déformation institutionnelle du rôle

Ce phénomène n'est pas propre aux individus particulièrement corruptibles. Il est systémique. La logique institutionnelle sélectionne

[195] Ibid.

[196] Ibid.

[197] Police Executive Research Forum (2019). The workforce crisis, and what police agencies are doing about it. PERF. Sur les taux de suicide et de pathologies psychologiques dans les corps de police américains.

et valorise les comportements qui maximisent le taux de condamnation — et décourage les comportements qui ralentissent la machine pour assurer une justice plus attentive[198].

Le procureur qui accorde trop de temps à chaque dossier, qui hésite à poursuivre dans les cas ambigus, qui accepte un acquittement sans amertume — ce procureur avance moins vite dans sa carrière que celui qui condamne vite et beaucoup.

Cette déformation n'est pas un accident de gestion. Elle est la conséquence prévisible d'une institution dont le succès se mesure en condamnations, non en justice rendue. La qualité de la justice est structurellement sacrifiée à sa quantité[199].

Le procureur qui entre dans l'institution avec la vocation de « faire justice » découvre rapidement que l'institution récompense autre chose : la productivité des poursuites, le taux de condamnation, la capacité à gérer un volume de dossiers écrasant. La justice pénale déforme le rôle de l'intérieur — non par corruption, mais par la logique institutionnelle elle-même qui sélectionne et valorise les comportements compatibles avec sa propre reproduction, non avec son idéal déclaré[200].

5.1.7 — Le juge

Le paradoxe du juge dans le système pénal est qu'il est simultanément la figure centrale de la justice et l'acteur qui dispose de la moins grande marge réelle d'appréciation. Il est censé incarner l'impartialité — mais il prononce ses jugements dans un cadre contraignant qui lui laisse peu de liberté. Il est censé individualiser la peine — mais les grilles obligatoires standardisent la réponse pénale indépendamment des circonstances particulières de chaque cas[201].

[198] Bibas (2004), op. cit.

[199] Ibid.

[200] Ibid.

Cette contradiction entre l'idéal et la réalité de la fonction judiciaire n'est pas anecdotique. Elle révèle une vérité structurelle : la justice pénale ne peut pas être simultanément juste dans ses principes et efficace dans son fonctionnement[202].Pour fonctionner à l'échelle industrielle que les sociétés modernes lui imposent, elle doit sacrifier la nuance à la standardisation — et avec la nuance, une partie substantielle de la justice qu'elle prétend rendre.

Le juge est censé incarner l'impartialité de la justice démocratique. Dans les faits, il est contraint par les cadres institutionnels à prononcer des jugements qu'il sait parfois injustes — non par faiblesse morale, mais par la logique même du système dans lequel il opère. La justice pénale déforme la mission du juge de l'intérieur, le réduisant à l'exécutant d'une logique qu'il ne peut pas modifier[203].

Le juge est censé incarner l'impartialité de la justice. Dans les faits, il est le prisonnier des cadres institutionnels qui définissent ce qu'il peut et ne peut pas faire — et ces cadres le contraignent souvent à prononcer des jugements qu'il sait injustes[204].

5.1.8 — Les contraintes institutionnelles sur la décision

Les grilles de peines obligatoires (mandatory minimums) ont retiré au juge la discrétion qui lui permettait d'adapter la sanction à la réalité de chaque cas. Des juges se sont publiquement déclarés dans l'incapacité morale d'appliquer des peines qu'ils estimaient manifestement disproportionnées — certains ont refusé de siéger sur certaines affaires, d'autres ont exprimé publiquement leur détresse devant l'impossibilité de faire leur travail avec intégrité[205].

Dans la plupart des systèmes démocratiques, les avocats commis d'office sont surchargés à un degré qui rend toute défense effective impossible. Des études ont documenté des avocats de la défense gérant plusieurs centaines de dossiers simultanément, consacrant en moyenne moins de douze minutes par dossier avant l'audience[206].

Dans ce contexte, le juge prononce des condamnations dont il sait que la défense a été insuffisante — mais les contraintes institutionnelles ne lui laissent pas d'alternative.

5.1.9 — L'expérience de Stanford comme révélateur systémique

L'expérience de Philip Zimbardo à Stanford en 1971 a documenté avec une précision clinique ce que la justice pénale produit sur ceux qui incarnent le rôle de gardien[207].Des étudiants ordinaires, tirés au sort pour jouer le rôle de gardiens dans une prison simulée, ont développé en moins de six jours des comportements d'une violence et d'une humiliation systématiques. L'expérience a dû être interrompue avant terme.

Ce résultat est une démonstration de la logique institutionnelle de la justice pénale : l'institution elle-même — ses rôles, ses structures, ses catégories — produit des comportements déshumanisants indépendamment de la psychologie des individus qui la servent. Le problème n'est pas dans les gardiens — il est dans la prison. Et par extension : le problème n'est pas dans les juges — il est dans l'institution qui les contraint à prononcer des jugements moraux dans un espace qui n'en a pas les fondements[208].

Chapitre 5.2 — L'effet destructeur sur le condamné

La justice pénale s'empare d'un être humain dont les conditions de vie ont produit la transgression — conditions que la science a établies, que l'État avait l'obligation de prévenir — et elle aggrave systématiquement chacune de ces conditions. Elle ne traite pas la cause. Elle punit l'effet, puis punit à nouveau l'effet aggravé qu'elle a elle-même produit, dans un cycle auto-entretenu que ses partisans appellent « échec » et que la logique appelle conséquence nécessaire[209].

La justice pénale prend un être humain dans des conditions déjà fragilisées — conditions que la science a établies être les causes structurelles de sa transgression — et elle aggrave systématiquement chacune de ces conditions. Elle ne traite pas la cause. Elle aggrave l'effet, puis punit l'individu pour l'effet aggravé qu'elle a elle-même produit[210].

201 Ibid.

202 Ibid.

203 Ibid.

204 Garland (2001), op. cit.

205 Skolnick (1966), op. cit.

206 Ibid.

207 Ibid.

208 Ibid.

209 Police Executive Research Forum (2019), op. cit.

210 National Registry of Exonerations (2023). University of Michigan Law School.

5.2.1 — L'erreur judiciaire

L'erreur judiciaire est la démonstration la plus brutale et la plus incontestable de l'incompétence constitutive du système pénal. Elle n'est pas un argument philosophique — c'est un fait empirique documenté : le système condamne des innocents, pas accidentellement mais structurellement, pas rarement mais régulièrement. Et lorsque l'erreur est découverte, elle révèle non pas des défaillances individuelles mais des logiques institutionnelles qui produisent ces erreurs par leur fonctionnement normal[211].

L'erreur judiciaire n'est pas l'exception honteuse d'un système qui fonctionnerait bien en règle générale. Elle est la production régulière d'un système dont les mécanismes normaux — pression à la condamnation, défense insuffisante, témoignages imparfaits — génèrent structurellement des condamnations injustes. Elle est le révélateur le plus brutal de l'incompétence constitutive de l'institution[212].

Aucune discussion sur les torts causés par la justice pénale ne peut éluder la question des condamnations injustes. Elle est le révélateur le plus brutal de l'incompétence structurelle de l'institution.

5.2.2 — L'ampleur documentée

Ce chiffre de trois mille exonérations n'est que la pointe visible de l'iceberg[213]. Il représente les cas où une nouvelle preuve —

[211] Zimbardo, P. (2007). The Lucifer Effect: Understanding how good people turn evil. Random House. Sur l'expérience de Stanford (1971) et la logique institutionnelle de déshumanisation.

[212] Ibid.

[213] Western (2006), op. cit.

généralement l'ADN — a permis de démontrer l'innocence après condamnation. Pour chaque exonération documentée, combien de condamnations injustes n'ont jamais été révisées parce que la preuve manquait, parce que les ressources juridiques faisaient défaut, ou simplement parce que l'individu condamné est mort en prison avant d'avoir pu obtenir justice ?

La réponse honnête est que nous ne savons pas. Et cette ignorance est elle-même une indictment de l'institution : un système de justice qui ne peut pas mesurer l'ampleur de ses propres erreurs est un système qui n'a pas les outils pour se corriger[214].

Depuis la création du Registre national des exonérations aux États-Unis, plus de trois mille personnes ont été officiellement exonérées après avoir été condamnées — souvent après des années, parfois des décennies, d'incarcération pour des crimes qu'elles n'avaient pas commis[215].Ces chiffres ne représentent que la partie visible : les cas où une preuve nouvelle a permis la révision. Le nombre de condamnations injustes qui ne font jamais l'objet d'une révision est, par définition, inconnu — mais les chercheurs estiment qu'il est considérablement plus élevé.

5.2.3 — Les causes systémiques

Ces causes ne sont pas des défaillances exceptionnelles d'individus particulièrement négligents ou malveillants. Ce sont les produits prévisibles du fonctionnement normal d'un système soumis à des pressions contradictoires : la pression de résoudre rapidement les affaires, la pression de condamner pour satisfaire l'attente sociale de justice, la pression de confirmer les intuitions initiales plutôt que de les remettre en question.

[214] Ibid.

[215] National Registry of Exonerations (2023), op. cit.

Le biais de confirmation — la tendance à interpréter les nouvelles informations comme confirmant les croyances préexistantes — est documenté chez tous les acteurs du système pénal : policiers, procureurs, juges[216].Ce biais n'est pas une faiblesse morale — c'est une caractéristique cognitive universelle que la structure du système pénal amplifie plutôt qu'atténue[217].

Les causes des condamnations injustes sont systémiques, pas exceptionnelles : témoignages erronés de témoins oculaires — la source d'erreur la plus fréquente, due aux limites documentées de la mémoire humaine — aveux obtenus sous contrainte lors d'interrogatoires prolongés, expertises médicolégales contestées, informateurs récompensés pour leur témoignage, défense insuffisante par des avocats surchargés[218]. Chacune de ces causes est une conséquence prévisible du fonctionnement normal de l'institution — non de ses dysfonctionnements exceptionnels. La condamnation injuste n'est pas l'exception du système. Elle est l'une de ses productions régulières.

5.2.4 — La destruction progressive

La destruction que la justice pénale inflige au condamné se déroule en trois actes successifs — chacun aggravant le suivant dans une progression logique que l'institution ne perçoit pas comme telle parce qu'elle ne mesure son action qu'acte par acte, jamais dans sa continuité.

[216] Ibid.

[217] Ibid.

[218] Ibid.

La détention provisoire détruit avant le jugement. La détention condamne pendant la peine. Et la stigmatisation post-carcérale perpétue la destruction après la libération. Ces trois actes forment un continuum destructeur que rien dans la logique pénale ne cherche à interrompre[219].

La destruction que produit la justice pénale sur le condamné ne se limite pas à la durée de la détention. Elle opère en trois temps successifs qui s'aggravent mutuellement : avant le jugement, pendant la détention, et après la libération.

Chaque phase aggrave les conditions de la phase suivante — jusqu'à rendre la réintégration structurellement impossible pour une proportion significative des condamnés[220].

La justice pénale détruit l'individu en trois temps — avant le jugement, pendant la détention, et après la libération. Chaque temps aggrave les conditions du temps suivant.

5.2.5 — La détention provisoire : une anomalie

La présomption d'innocence est l'un des principes les plus solennellement affirmés de tout système juridique démocratique. Toute personne est présumée innocente jusqu'à ce que sa culpabilité soit établie. Ce principe a une implication directe et simple : une personne présumée innocente ne devrait pas être traitée comme une coupable.

La détention provisoire viole ce principe dans sa réalité quotidienne. Elle prive de liberté — la conséquence la plus lourde que le système inflige — avant toute condamnation, avant même que la culpabilité soit examinée. La présomption d'innocence est un principe

[219] Ibid.

[220] Ibid.

constitutionnel. La détention provisoire est une présomption de culpabilité pratiquée. La contradiction est complète[221].

La détention provisoire frappe des personnes présumées innocentes. Aux États-Unis, environ 70 % des détenus dans les prisons locales sont des prévenus en attente de jugement — non des condamnés. En Haïti, ce taux dépasse 80 %[222].

Ces individus subissent, avant toute condamnation et en contradiction directe avec la présomption d'innocence, les effets destructeurs de l'incarcération : perte d'emploi, rupture familiale, exposition à la violence carcérale, stigmatisation sociale. La présomption d'innocence est un principe constitutionnel — la réalité carcérale est une présomption de culpabilité pratiquée.

5.2.6 — La détention : un environnement de destruction organisée

La détention elle-même est un environnement de destruction organisée. Un individu qui entre en prison avec un problème de dépendance en sort avec un problème aggravé et des compétences criminelles renforcées. Un individu qui entre avec des liens familiaux fragilisés en sort avec des liens brisés. Un individu qui entre avec des perspectives d'emploi limitées en sort avec un casier judiciaire qui ferme les portes restantes[223].

Les travaux de Western établissent le mécanisme précis : l'incarcération détruit le capital humain de l'individu condamné — ses compétences s'atrophient, ses réseaux de soutien se disloquent, sa santé mentale se dégrade. Elle l'expose à une sous-culture criminelle pendant la durée de la détention. Et elle le libère dans un

[221] Ibid.

[222] Ibid.

[223] Western (2006), op. cit.

monde où la stigmatisation pénale constitue une barrière durable à la réintégration[224].

5.2.7 — La vie de l'accusé après sa libération

La stigmatisation pénale ne se limite pas au marché du travail. Elle s'étend au logement — de nombreux propriétaires refusent de louer à des ex-détenus. À l'éducation — certaines formations sont fermées aux personnes avec un casier. À la vie civique — dans plusieurs États américains, les condamnés perdent définitivement le droit de vote. À la vie familiale — les procédures de garde d'enfants défavorisent systématiquement les parents avec un passé judiciaire.

Cette accumulation de restrictions post-carcérales construit un mur invisible mais réel autour de l'ex-détenu — un mur qui le sépare de la vie normale sans violence directe mais avec une efficacité redoutable[225]. La prison ne s'arrête pas aux portes de l'établissement pénitentiaire. Elle se poursuit, sous d'autres formes, pour le reste de la vie dans un nombre significatif de cas[226].

La recherche de Pager a établi avec une précision expérimentale que la marque pénale est plus déterminante pour la trajectoire sociale post-carcérale que les qualifications, l'expérience professionnelle, ou la volonté individuelle[227]. Dans ses tests d'audit, un candidat blanc avec un casier judiciaire obtient moins de rappels pour un entretien

[224] Ibid.

[225] Bureau des droits humains en Haïti / RNDDH (2022). Rapport sur la situation des prisons haïtiennes. Sur le taux de détention provisoire dépassant 80 % de la population carcérale haïtienne.

[226] Ibid.

[227] Western (2006), op. cit.

qu'un candidat noir sans casier. La discrimination à l'embauche des ex-détenus est documentée, systématique, et légale dans la plupart des systèmes.

La récidive n'est pas une surprise — elle est une conséquence nécessaire. L'individu sort de prison avec les mêmes conditions sociales, biologiques et environnementales qui avaient produit sa transgression — souvent aggravées par l'expérience carcérale. La justice pénale crée les conditions structurelles de sa propre nécessité perpétuelle.

5.2.8 — La marginalisation des victimes

La promesse centrale de la justice pénale est de rendre justice aux victimes[228]. C'est sur cette promesse que l'institution fonde sa légitimité populaire — l'idée que sans elle, les victimes resteraient sans recours, leurs souffrances sans reconnaissance, leurs droits sans défense. Cette promesse est au cœur de chaque campagne électorale qui réclame plus de sévérité pénale, de chaque discours qui invoque les victimes pour justifier l'expansion du système.

La recherche empirique sur la satisfaction des victimes révèle que cette promesse est systématiquement trahie. Non pas parce que les acteurs du système sont malveillants — mais parce que la structure même du procès pénal est incompatible avec ce que les victimes ont besoin pour guérir[229].

L'institution qui se légitime par la protection des victimes est précisément celle qui les exclut systématiquement de leur propre affaire — les transformant en instruments de l'État plutôt qu'en bénéficiaires d'une réparation réelle. Cette marginalisation n'est pas un accident de procédure. Elle est la conséquence logique de ce que la justice pénale est dans sa nature : un mécanisme d'affirmation de

[228] Ibid.

[229] Pager (2003), op. cit.

l'ordre moral de l'État, non un mécanisme de réparation des torts causés à des individus concrets[230].

Il existe une ironie cruelle au cœur du système pénal : l'institution qui se justifie par la protection des victimes est précisément celle qui les marginalise le plus systématiquement. Non pas malgré ses intentions — à cause de sa nature.

5.2.9 — La victime exclue de sa propre affaire

Dans le procès pénal, la victime n'est pas une partie — elle est un témoin. L'accusation s'appelle l'État contre X, jamais la victime contre X. La victime est convoquée pour établir la culpabilité de l'accusé, non pour obtenir réparation de son tort. Ses besoins réels — réparation matérielle, reconnaissance de sa souffrance, compréhension de ce qui s'est passé, garanties de sécurité pour l'avenir — ne sont pas l'objet du procès[231].

Nils Christie l'a formulé avec une clarté définitive : le système pénal vole le conflit à ses protagonistes réels[232].Il s'empare du tort causé à une personne pour en faire l'affaire de l'État — et dans ce processus, la victime perd sa propre affaire. Cette marginalisation n'est pas un accident de procédure que la réforme pourrait corriger. Elle est la conséquence logique de ce que la justice pénale est dans sa nature : un mécanisme d'affirmation de l'ordre moral de l'État, non un mécanisme de réparation des torts causés à des individus concrets.

[230] Ibid.

[231] Ibid.

[232] Christie (1977), op. cit.

5.2.10 — La revictimisation par le procès

La re-victimisation par le procès n'est pas un effet secondaire évitable[233].Elle est la conséquence structurelle d'un système conçu pour établir la culpabilité de l'accusé — non pour soigner la victime. Le contre-interrogatoire adversarial est un outil légitime de vérification de la vérité dans le cadre du procès pénal. Mais il est aussi, inévitablement, un outil de re-traumatisation pour la victime qui doit revivre son agression sous la pression d'un avocat dont le mandat est de mettre en doute sa crédibilité.

Ce conflit d'objectifs est irréductible. On ne peut pas simultanément protéger la victime du re-traumatisme et garantir à l'accusé le droit à une défense vigoureuse. Les deux exigences sont légitimes. Mais elles sont incompatibles dans le cadre adversarial du procès pénal. La justice restauratrice résout ce conflit en créant un espace différent — non adversarial — où les deux peuvent coexister[234].

Judith Herman a documenté le phénomène de la re-victimisation par le procès : les victimes de violence grave sont fréquemment traumatisées une seconde fois par le processus judiciaire lui-même[235].Les contre-interrogatoires les forcent à revivre leur traumatisme dans un cadre adversarial, devant des inconnus, sous la pression d'un avocat de la défense dont le mandat est précisément de mettre en doute leur crédibilité.

L'étude comparative de Strang et Sherman établit que les victimes participant à des processus de justice restauratrice — où elles rencontrent directement l'auteur du tort, expriment leur vécu, et participent à la définition de la réparation — expriment un niveau de satisfaction et de guérison significativement supérieur à ceux qui ont

[233] Ibid.

[234] Ibid.

[235] Ibid.

traversé un procès pénal classique[236]. Ce résultat n'est pas surprenant : la justice restauratrice répond aux besoins réels des victimes. La justice pénale répond aux besoins de l'État.

[236] Ibid.

CHAPITRE 5.3 — LE COÛT SYSTÉMIQUE DE LA JUSTICE PÉNALE POUR LA SOCIÉTÉ

La destruction produite par la justice pénale ne s'arrête pas aux individus — acteurs institutionnels, condamnés, victimes. Elle se diffuse dans les communautés, érode le tissu social sur lequel repose la vie démocratique, et consomme des ressources colossales qui pourraient être investies dans les causes des comportements qu'elle prétend traiter. Une institution qui détruit tout ce qu'elle touche n'est pas une institution réformable[237].

La déstructuration produite par la justice pénale ne s'arrête pas aux individus. Elle atteint les communautés entières, érode le tissu social, engloutit des ressources colossales dans l'inefficacité, et contredit l'idéal démocratique qu'elle prétend servir[238].

5.3.1 — La situation des communautés

Les communautés les plus touchées par la criminalité sont également les plus touchées par l'incarcération massive — et la recherche établit que cette double frappe n'est pas accidentelle : l'incarcération intensive aggrave les conditions communautaires qui produisent la criminalité, créant un cycle auto-entretenu que la justice pénale est incapable de rompre par sa logique propre[239].

[237] Herman, J. L. (2005). Justice from the victim's perspective. Violence Against Women, 11(5), 571-602.

[238] Ibid.

[239] Ibid.

La justice pénale ne protège pas les communautés — elle les fragilise davantage.

5.3.2 — L'incarcération comme facteur de criminalité

Todd Clear a établi un résultat contre-intuitif mais solidement documenté : la concentration de l'incarcération dans certains quartiers ne réduit pas la criminalité dans ces quartiers — elle l'augmente[240]. L'incarcération massive détruit le tissu social des communautés déjà vulnérables. Elle retire des pères, des mères, des travailleurs, des membres actifs qui maintiennent les réseaux informels de contrôle social. Elle laisse des familles désorganisées, des enfants sans parents, des quartiers appauvris de leurs adultes les plus présents.

5.3.3 — L'impact sur les enfants

Les enfants des personnes incarcérées paient un prix particulier. Une méta-analyse portant sur plusieurs dizaines d'études a établi que ces enfants présentent des risques significativement accrus de difficultés scolaires, de problèmes de santé mentale, de comportements déviants à l'adolescence — et d'incarcération à l'âge adulte[241].

L'incarcération de masse se reproduit de génération en génération, non parce que la criminalité est héréditaire, mais parce que la prison détruit les conditions familiales et sociales qui permettent le développement normal d'un enfant. C'est la double injustice à l'état pur : l'État punit l'enfant pour la transgression du parent.

[240] Sherman (2007), op. cit.

[241] Clear, T. R. (2007). Imprisoning Communities. Oxford University Press.

5.3.4 — Le coût économique

Le coût économique de la justice pénale est à la fois colossal dans son montant et négatif dans son rendement. L'État investit massivement dans une institution dont l'efficacité à réduire la criminalité est empiriquement nulle — au détriment des interventions dont l'efficacité est documentée et mesurable. C'est le paradoxe de l'investissement pénal : dépenser beaucoup pour aggraver le problème[242].

Le coût économique de la justice pénale est colossal, non tenable — et structurellement improductif.

5.3.5 — Le paradoxe de l'investissement pénal

Aux États-Unis, par exemple, le coût annuel de l'incarcération dépasse 80 milliards de dollars pour les seuls frais directs. Le coût par détenu dépasse 35 000 dollars par an dans la plupart des États. Ces sommes colossales pourraient, si elles étaient investies dans l'éducation, la santé mentale, le logement et l'emploi des populations vulnérables, traiter les causes des comportements déviants à leur source — et produire des résultats mesurables en termes de réduction de la criminalité[243].

Au lieu de cela, elles financent une institution dont l'efficacité à réduire la criminalité est empiriquement nulle — ainsi que l'établissent les taux de récidive documentés en Section 3.3.

242 Ibid.

243 Ibid.

C'est le paradoxe de l'investissement pénal : l'État dépense massivement pour une institution qui aggrave les conditions qu'elle est censée traiter, et refuse d'investir dans les interventions dont l'efficacité est documentée.

5.3.6 — L'influence des intérêts sur le maintien du carcan pénal

Angela Davis a théorisé la dimension économique de ce paradoxe sous le concept de « complexe industriel carcéral » : la convergence d'intérêts économiques, politiques et institutionnels qui soutient l'expansion du système carcéral indépendamment de son efficacité[244]. L'industrie carcérale privée, les syndicats de gardiens, les fournisseurs de services pénitentiaires, les élus dont la carrière est liée à la rhétorique de la sécurité — tous ont un intérêt objectif à l'expansion du système, non à son efficacité. L'institution se maintient non parce qu'elle fonctionne, mais parce qu'elle est rentable pour ceux qui en vivent.

5.3.7 — La déstructuration de l'idéal démocratique

Le tort le plus profond causé par la justice pénale n'est pas économique ou social — il est politique. En traitant des millions de citoyens comme des sujets moraux à expier plutôt que comme des associés souverains à réintégrer, la justice pénale contredit, dans ses pratiques quotidiennes, les principes fondateurs de l'ordre démocratique qu'elle prétend défendre[245].

[244] Ibid.

[245] Murray, J., Farrington, D. P., & Sekol, I. (2012). Children's Antisocial Behavior after Parental Incarceration. Psychological

Encore, le tort le plus profond causé par la justice pénale n'est pas économique — il est politique. Il est la contradiction vivante qu'elle inscrit au cœur de l'ordre démocratique.

5.3.8 — La privation civique systémique

Michelle Alexander a documenté comment l'incarcération de masse fonctionne aux États-Unis comme un système de contrôle racial structurel, privant des millions de citoyens de leurs droits politiques fondamentaux à travers la déchéance civique des condamnés[246].Des individus qui ont « payé leur dette à la société » selon la logique pénale se voient privés du droit de vote, du droit d'exercer certaines professions, du droit d'habiter certains logements — parfois pour la vie. L'associé souverain, source de tout pouvoir selon la Constitution, est exclu de la participation civique par la même institution qui prétend le servir.

5.3.9 — La peur organisée comme instrument de gouvernance

Dans la grande majorité des États démocratiques, les taux de criminalité violente ont diminué de manière significative au cours des trois dernières décennies. Et pourtant, le sentiment d'insécurité n'a pas diminué avec les taux de criminalité — dans certains pays, il a augmenté pendant que la criminalité baissait[247].

Ce paradoxe n'est pas accidentel. La justice pénale a besoin de la peur pour justifier son existence et son expansion. Elle produit, entretient, et amplifie le sentiment d'insécurité — non parce qu'elle est cynique, mais parce que sa logique institutionnelle dépend de la perception que le crime est une menace permanente que seule la punition peut contenir.

En conclusion « Un système qui déstructure les agents qui le servent, l'accusé qui lui est soumis, la victime qu'il prétend protéger, la communauté dans laquelle il opère, le trésor public qui le finance, et l'idéal démocratique qu'il prétend incarner — un tel système n'est pas réformable. Il est structurellement destructeur. Et le germe de cette destruction *est dans sa nature, non dans son fonctionnement »*.

PARTIE VI — VERS LA CONSTRUCTION DE LA JUSTICE DÉMOCRATIQUE

Il y a une objection que l'on entend à chaque fois que l'on aborde certains aspects négatifs des institutions pérennes dont la justice pénale. Elle vient des prudents, des réalistes, de ceux qui craignent le vide. Elle dit : « Mais sans la justice pénale, ce sera le chaos ! Que ferons-nous des meurtriers, des violeurs, des terroristes ? »

Cette objection mérite une réponse directe. Non pas parce qu'elle est sans fondement — la peur qu'elle exprime est légitime — mais parce qu'elle arrive trop tard. Tirons les choses au clair.

Le choix qu'elle redoute a déjà été fait. Il a été fait il y a deux siècles et demi, le jour où les associés souverains ont décidé que l'autorité politique ne vient plus du ciel mais de la terre[248]. Ce jour-là, ils ont renversé tout — y compris le fondement théologique de la punition morale. Ce qu'ils n'ont pas encore fait, c'est d'en tirer toutes les conséquences institutionnelles.

Cette partie ne propose pas un programme politique. Plutôt, elle veut démontrer que la justice démocratique n'est pas une utopie. Car, ses instruments existent[249]. Ses principes sont déjà acceptés par l'État démocratique dans tous ses autres domaines institutionnels. Elle trace la voie vers la cohérence — vers l'achèvement de ce que les révolutions ont commencé.

Bulletin, 138(2), 175-210.

[246] Vera Institute of Justice (2017). The price of prisons: Examining state spending trends, 2010-2015. Sur le coût par détenu et l'alternative d'investissement dans les causes sociales.

[247] Ibid.

[248] Davis, A. Y. (2003). Are prisons obsolete? Seven Stories Press.

[249] Alexander (2010), op. cit.

La démonstration de cette partie s'appuie sur les trois piliers établis dans les parties précédentes, qu'elle synthétise avant de construire[250].

La Partie II a établi que la transition démocratique a transformé ipso facto le statut de l'individu — de sujet moral à associé souverain. Cette transformation n'est pas une réforme parmi d'autres : c'est une mutation ontologique irréversible qui redéfinit la nature de toute institution légitime dans l'espace démocratique[251].

L'associé est l'étalon. Toute institution qui ne mesure pas sa légitimité à l'aune de l'associé souverain est structurellement déplacée.

La Partie III a établi par la voie indépendante de la science criminologique que les comportements dommageables sont le produit de conditions sociales mesurables — non de la volonté mauvaise d'un individu moralement défaillant[252].Cette démonstration scientifique converge avec la démonstration philosophique : ce que le droit pénal appelle « crime » n'est pas une réalité objective — c'est une construction sociale fondée sur des jugements moraux que l'ordre démocratique n'a pas vocation à porter.

La Partie IV a établi l'incohérence structurelle de la justice pénale dans la sphère démocratique sous ses trois formes : incompétence à l'égard des personnes, de la matière, et du territoire. Ces trois incompétences convergent vers une conclusion unique : la justice pénale ne peut pas être réformée dans l'espace démocratique — elle doit y être remplacée[253].

L'associé souverain est l'aune par laquelle toutes choses sont mesurées. Une fois qu'on le place à sa juste place — source du pouvoir, titulaire de droits inhérents,

[250] Ibid.

[251] Tonry (2004), op. cit.

[252] Arendt (1963), op. cit.

[253] Sherman (2007), op. cit.

fin en lui-même et jamais simple moyen — on aura la paix et le bonheur à la hauteur de notre statut d'êtres raisonnables. C'est la promesse des révolutions démocratiques. Cette partie montre comment la tenir.

CHAPITRE 6.1 — RÉFORMER — ABOLIR OU RECONSTRUIRE ?

La distinction entre réformer et abolir n'est pas une distinction de degré - c'est une distinction de nature. Réformer, c'est modifier le fonctionnement d'une institution en maintenant ses prémisses. C'est ce que Beccaria a fait au XVIIIe siècle. Il a humanisé les peines sans questionner la légitimité du jugement moral. C'est ce que Howard a fait. Il a amélioré les conditions carcérales sans questionner la légitimité de l'incarcération. C'est ce que deux siècles et demi de réforme ont produit : une institution plus humaine dans ses formes, identique dans ses prémisses[254].

Abolir et reconstruire, c'est reconnaître que le défaut n'est pas dans le fonctionnement - il est dans la nature. Et qu'un défaut de nature ne se corrige pas par des ajustements de surface. La saignée médicale n'a pas été réformée - elle a été abandonnée, lorsque la science a démontré que ses prémisses étaient fausses. La justice pénale appelle le même traitement : non la réforme, mais la substitution[255].

6.1.1 — Ce qu'exige la transition démocratique

Ces trois principes ne sont pas des idéaux abstraits. Ils sont des conclusions logiques qui découlent directement des démonstrations des Parties II, III et IV. La primauté du tort découle de la démonstration que la faute morale n'est pas une catégorie valide dans l'espace démocratique. La primauté de la condition découle de la

[254] Comte (1830–1842/1975), op. cit.

[255] Rousseau (1762/2001), op. cit.

démonstration scientifique que les comportements déviants sont produits par des conditions mesurables. La primauté de la protection découle de la nature de l'obligation civile de l'État envers ses associés.

Ensemble, ces trois principes forment l'architecture de la justice démocratique — une architecture qui existe déjà, à l'état fragmentaire, dans les pratiques alternatives qui ont prouvé leur supériorité sur les indicateurs mesurables. Ce chapitre les formule avec la rigueur qu'exige leur application systématique[256].

La transition démocratique exige une justice à la mesure de ce qu'elle a produit : l'associé souverain. L'associé est l'étalon — la référence par rapport à laquelle toute institution doit être évaluée. Une institution qui ne peut pas justifier son existence à l'aune de ce statut est illégitime dans l'espace démocratique. Les trois principes qui fondent la justice démocratique découlent directement de la nature de l'associé et des conclusions des Parties II, III et IV.

La transition démocratique a produit l'associé souverain et l'État civil et non confessionnel. Elle exige maintenant, par cohérence interne, une institution de gestion des conflits qui soit à la mesure de ce qu'elle a produit.

Cette institution doit être fondée sur trois principes qui découlent directement de la nature de l'associé souverain et de la démonstration scientifique établie en Partie III.

6.1.2 — Premier principe : la primauté du tort sur la faute

Cette substitution — du tort à la faute comme catégorie centrale — n'est pas une abolition de la réponse institutionnelle aux comportements dommageables. C'est une réorientation de cette

[256] Durkheim (1895/1988), op. cit.

réponse vers ce qui est réel et mesurable : le dommage causé à une personne réelle, qui peut être évalué, reconnu, et dans la mesure du possible réparé.

Cette réorientation a des conséquences pratiques immédiates. Elle déplace la question centrale du procès de « est-il coupable ? » vers « quel tort a-t-il causé et comment le réparer ? » Elle déplace le centre de gravité de l'accusé vers la victime. Elle déplace la finalité de la punition vers la réparation. Ces trois déplacements ne sont pas secondaires — ils définissent la nature entière d'un système de justice radicalement différent[257].

Dans l'ordre démocratique, ce qui compte institutionnellement n'est pas la faute morale de l'auteur — c'est le tort causé à l'associé qui l'a subi. Le tort est évaluable, mesurable, réparable. Il existe indépendamment de toute référence transcendante. Il n'exige pas que l'État se prononce sur la nature morale de l'individu — il exige seulement que le dommage soit identifié, reconnu, et réparé dans la mesure du possible[258].

La faute, en revanche, est une catégorie confessionnelle. Elle présuppose un ordre moral transcendant que l'ordre démocratique a officiellement abandonné. La substitution du tort à la faute comme catégorie centrale de la réponse institutionnelle n'est pas un affaiblissement de la justice — c'est son adaptation à l'ordre dans lequel elle opère.

[257] Davis (2003), op. cit.

[258] Rousseau (1762/2001), op. cit.

6.1.3 — Deuxième principe : la primauté de la condition sur la volonté

Cette primauté de la condition sur la volonté n'implique pas l'absence de responsabilité. Elle implique une redéfinition de la responsabilité — non plus comme culpabilité morale, mais comme « accountability » civile : la reconnaissance du tort causé, l'engagement à y répondre, la participation à la réparation[259].

Cette responsabilité civile est plus exigeante que la culpabilité pénale, non moins. Elle ne se solde pas par une peine purgée après laquelle l'ardoise est censée être effacée. Elle s'inscrit dans une relation durable entre l'auteur du tort, la victime, et la communauté — une relation qui ne s'efface pas par la souffrance mais qui se construit par l'engagement. C'est une conception de la responsabilité qui prend l'individu au sérieux comme être moral, sans le réduire à sa faute[260].

La science criminologique a établi que les comportements dommageables sont le produit de conditions qui contraignent la volonté de manière mesurable[261].La justice démocratique s'intéresse aux conditions qui ont produit le comportement — non à la volonté qui l'a exprimé, non à la nature morale de l'individu qui en était le siège.

Cette primauté de la condition sur la volonté ne signifie pas l'impunité. Elle signifie que la réponse institutionnelle pertinente n'est pas la punition de la volonté — c'est la modification des conditions. Traiter la dépendance qui a produit le vol. Rétablir les conditions sociales qui ont produit la violence. Réparer le tort causé à la victime. Ces réponses sont compatibles avec la nature de l'associé souverain — elles ne le traitent pas comme un sujet moral à expier,

259 Ibid.

260 Rawls (1971), op. cit.

261 Ibid.

mais comme un être civile dont les comportements sont compréhensibles, explicables, et traitables[262].

6.1.4 — Troisième principe : la primauté de la protection sur l'expiation

La protection sans expiation est non seulement possible - elle est plus efficace. Car l'expiation pénale ne réduit pas la dangerosité : elle la conserve, souvent l'aggrave, puis libère l'individu dans les mêmes conditions qui ont produit son comportement initial. La mesure de sûreté civile, en revanche, maintient la séparation aussi longtemps que le danger persiste — et la lève dès qu'il diminue, indépendamment d'une durée fixée a priori par la gravité morale du crime passé.

Cette approche est à la fois plus protectrice pour la société et plus juste pour l'individu. Elle protège mieux parce qu'elle est proportionnée au risque réel plutôt qu'à la faute passée. Et elle est plus juste parce qu'elle ne punit pas — elle contient, traite, et libère dès que c'est possible[263].

Lorsqu'un comportement représente un danger réel et documenté pour des associés identifiables, l'État démocratique a l'obligation de les protéger. Mais cette obligation est civile dans sa nature - elle porte sur le danger objectif, non sur la faute morale de celui qui le représente[264].

La dangerosité est une catégorie civile évaluable par des méthodes scientifiques dont la fiabilité est documentée et améliorable[265].La

[262] Ibid.

[263] Ibid.

[264] Wacquant (2009), op. cit.

[265] Durkheim (1895/1988), op. cit.

protection peut être assurée sans punition — par la séparation, le traitement, la surveillance, la mesure de sûreté proportionnée au risque réel et révisable dès que ce risque diminue. La protection sans expiation est non seulement possible — elle est plus efficace, car elle n'aggrave pas les conditions qui ont produit le danger en premier lieu[266].

[266] Wacquant (2009), op. cit.

CHAPITRE 6.2 — LES INSTRUMENTS DE LA JUSTICE DÉMOCRATIQUE

La justice démocratique n'est pas une utopie — ses instruments existent, ont été testés, et ont produit des résultats documentés dans les juridictions qui ont choisi la cohérence. Ce chapitre les présente dans leur articulation avec les trois principes fondateurs du Chapitre VI.1, en montrant comment chacun traduit l'un de ces principes en pratique institutionnelle concrète et évaluable[267].

La justice démocratique n'est pas une construction abstraite. Ses instruments existent, ont été testés, et ont produit des résultats documentés. Ils opèrent déjà dans les marges du système pénal — dans les juridictions qui ont choisi d'expérimenter la cohérence. Ce chapitre les présente dans leur articulation avec les principes établis au Chapitre VI.1, en montrant comment chacun traduit l'un de ces principes en pratique institutionnelle[268].

6.2.1 — La justice restauratrice : réparer le tort, reconstruire le lien

La justice restauratrice est la pratique institutionnelle qui se rapproche le plus de ce que l'ordre démocratique exige de sa justice. Elle ne juge pas la faute morale — elle reconnaît le tort. Elle ne punit pas l'auteur — elle l'engage dans la réparation. Elle ne marginalise pas la victime — elle la place au centre. Et elle traite les deux protagonistes comme ce qu'ils sont : des associés souverains dont la

[267] Rawls (1971), op. cit.

[268] Ibid.

relation a été brisée par un tort, et qui ont la capacité — et la responsabilité — de participer à sa reconstruction[269].

Ce n'est pas une pratique marginale réservée aux infractions mineures. Elle est expérimentée avec succès pour des crimes graves — homicides, agressions sexuelles, violences domestiques — dans plusieurs pays et avec des résultats documentés supérieurs à ceux du procès pénal classique sur tous les indicateurs mesurables[270].

La justice restauratrice est l'instrument le plus direct de la primauté du tort sur la faute. Elle part d'une question radicalement différente : non « quelle peine mérite le coupable ? » mais « quel tort a été causé, à qui, et comment le réparer ? » Cette substitution de question transforme la nature entière de la réponse institutionnelle — de punitive à réparatrice, de morale à civile, de centripète (État) à centrifuge (parties)[271].

La justice restauratrice est l'instrument le plus direct de la primauté du tort sur la faute. Elle part d'une question radicalement différente de celle que pose la justice pénale : non pas « quelle peine mérite le coupable ? » — question morale héritée de la théocratie — mais « quel tort a été causé, à qui, et comment le réparer ? » — question civile, proportionnée à la réalité du préjudice[272].

[269] Ibid.

[270] Cullen (2000), op. cit.

[271] Sherman (2007), op. cit.

[272] Ibid.

6.2.2 — Les instruments et leur efficacité documentée

Ces résultats s'expliquent par une différence structurelle, non par une différence de sévérité. La justice restauratrice traite la bonne question : quel tort a été causé, à qui, et comment le réparer ?[273]Le procès pénal traite la mauvaise question : quelle faute a été commise, et quelle peine mérite-t-elle ?

La bonne question produit de bons résultats parce qu'elle est ancrée dans la réalité des parties — leurs besoins concrets, leurs pertes réelles, les relations qu'il s'agit de réparer ou de clore. La mauvaise question produit de mauvais résultats parce qu'elle est abstraite — elle traite une transgression d'un ordre moral qui n'a pas de réalité dans l'espace démocratique, et ignore les besoins réels des personnes qui ont subi le tort[274].

Les conférences restauratrices, les cercles de rétablissement, les processus de médiation victime-auteur — ces outils réunissent, dans un cadre structuré et facilité, l'auteur du tort, la victime, leurs proches, et souvent la communauté affectée[275].Ils permettent à la victime d'exprimer sa souffrance et ses besoins réels. Ils permettent à l'auteur de comprendre les conséquences humaines de son acte — non de subir une peine abstraite, mais de rencontrer la réalité concrète du tort qu'il a causé.

Les méta-analyses de Sherman et Strang confirment la supériorité de ces processus sur les critères de satisfaction des victimes (85-90 % contre moins de 30 % dans le système pénal classique), de réduction de la récidive, et de cohésion sociale[276].Ces résultats ne sont pas marginaux — ils sont structurellement différents, parce que la justice restauratrice traite le conflit réel entre personnes réelles, plutôt que d'abstraire ce conflit en une affaire entre l'État et l'accusé.

[273] Ibid.

[274] Ibid.

[275] Zehr (1990), op. cit.

[276] Ibid.

6.2.3 — La justice restauratrice et l'associé souverain

La justice restauratrice est la seule forme de réponse institutionnelle qui traite les parties comme des associés souverains — non comme des sujets soumis à l'autorité de l'État. La victime n'est pas un témoin — elle est une protagoniste. L'auteur n'est pas un coupable à expier — il est un associé dont le comportement a causé un tort et qui est appelé à y répondre. La communauté n'est pas un public — elle est une partie prenante à la reconstruction du lien social.

C'est précisément ce que Christie réclamait en 1977 : rendre le conflit à ses protagonistes réels, cesser de le voler au profit de l'État[277].La justice restauratrice accomplit cela. Elle est la traduction institutionnelle de ce que l'associé souverain exige : être traité comme une fin en soi, non comme un moyen pour l'État d'exprimer sa morale[278].

6.2.4 — Qu'en est-il des comportements dommageables ?

La régulation civile des comportements dommageables repose sur un principe simple : si un comportement cause un tort à des

[277] Ibid.

[278] Ibid.

individus ou à la collectivité, la réponse institutionnelle appropriée est de réparer ce tort et de prévenir sa reproduction — non de punir moralement son auteur. Cette approche est déjà appliquée avec succès dans de nombreux domaines où la société démocratique a renoncé à la catégorie morale : la responsabilité environnementale, la responsabilité médicale, la responsabilité des produits défectueux.

Dans tous ces domaines, la question n'est pas « est-il coupable ? » mais « a-t-il causé un tort, et comment le réparer ? » L'extension de cette logique à l'ensemble des comportements dommageables est la conséquence directe de la démonstration établie dans les parties précédentes[279].

La responsabilité civile, le droit administratif et la réglementation constituent le deuxième pilier de la justice démocratique. Ils permettent de traiter les comportements dommageables sans recourir à la catégorie de la faute morale — en posant simplement la question légitime dans l'ordre démocratique : quel tort a été causé, et comment le réparer ou le prévenir[280].

La responsabilité civile, le droit administratif, la réglementation — ces instruments permettent de traiter les comportements dommageables sans ériger la faute morale en catégorie centrale de la réponse institutionnelle.

6.2.5 — La responsabilité civile comme instrument démocratique

L'extension de la responsabilité civile comme instrument principal de réponse aux comportements dommageables n'est pas une idée

[279] Sherman (2007), op. cit.

[280] Ibid.

radicale. Elle est déjà la norme dans les domaines où la société démocratique a décidé que la faute morale n'était pas la bonne catégorie analytique. La responsabilité environnementale ne demande pas si l'entreprise polluante était moralement coupable — elle demande si un dommage a été causé et comment le réparer. La responsabilité médicale ne demande pas si le médecin était un mauvais homme — elle demande si une erreur a causé un préjudice.

Appliquer cette même logique aux comportements dommageables interpersonnels, c'est étendre à la vie quotidienne la cohérence que le droit démocratique a déjà établie dans les relations entre individus et institutions. C'est traiter tous les torts avec le même outil — civil, mesurable, réparable[281].

La responsabilité civile permet de faire reconnaître un tort et d'obtenir réparation sans qu'il soit nécessaire d'établir une mens rea. Elle pose la question pertinente dans l'ordre démocratique : un tort a-t-il été causé ? À qui ? Quelle réparation est possible ? Elle n'exige pas que l'État se prononce sur la nature morale de l'auteur — elle exige seulement que le dommage soit établi et réparé[282].

Cette approche est déjà appliquée avec succès dans des domaines où la société démocratique a renoncé à la catégorie morale : la responsabilité du fait des produits défectueux, la responsabilité environnementale, la responsabilité médicale[283].Aucun de ces domaines ne requiert l'établissement d'une faute morale — tous requièrent l'établissement d'un tort et sa réparation. L'extension de cette logique à l'ensemble des comportements dommageables est la conséquence directe de la reconnaissance de l'associé souverain comme étalon de toute institution légitime.

281 Christie (1977), op. cit.

282 Kant (1785/1994), op. cit.

283 Zedner (2004), op. cit.

6.2.6 — Le modèle portugais comme exemple

Le modèle portugais de dépénalisation de la consommation de drogues en 2001 illustre à l'échelle d'un État entier ce que la transition peut produire. En remplaçant la poursuite pénale par des commissions de dissuasion composées de travailleurs sociaux, d'avocats et de professionnels de santé, le Portugal a traité le comportement déviant pour ce qu'il est : un phénomène de santé publique, non une faute morale[284].

Les résultats mesurés vingt ans plus tard : réduction de moitié du nombre d'usagers problématiques, diminution significative des infections au VIH liées à la drogue, augmentation du taux de traitement volontaire — sans augmentation de la consommation générale[285]. L'ordre public n'a pas été détruit. Il a été mieux servi par une approche civile que par une approche pénale. La preuve de concept est établie.

6.2.7 — Protection versus punition

Dans les systèmes de santé mentale, cette logique est déjà appliquée : une personne dont la dangerosité est évaluée comme grave peut être hospitalisée sans condamnation pénale, et libérée dès que son état le permet. La justice démocratique étend cette logique à l'ensemble des comportements dangereux[286].

[284] Ibid.

[285] Ibid.

[286] Ibid.

Lorsque la dangerosité est réelle et persistante, la protection des associés est une obligation civile de l'État démocratique. Mais cette protection peut — et doit — être assurée sans punition morale. La mesure de sûreté civile est l'instrument de cette protection : proportionnée au danger réel, révisable dès que ce danger diminue, et fondée sur l'évaluation scientifique du risque plutôt que sur la gravité morale du crime passé[287].

Lorsque la dangerosité est réelle, persistante, et documentée par des instruments scientifiques fiables, l'État démocratique a l'obligation de protéger ses membres. Cette protection est un devoir civil — non une mission morale[288].

6.2.8 — La dangerosité comme catégorie civile

La dangerosité n'est pas une catégorie morale — c'est une catégorie empirique. Elle peut être évaluée, mesurée, et révisée sur la base d'instruments scientifiques dont la fiabilité est documentée et perfectible. Les outils d'évaluation actuarielle du risque — utilisés avec succès dans les systèmes de santé mentale, dans la protection de l'enfance, dans la prévention de la récidive — fournissent des probabilités mesurables de comportements futurs, bien supérieures aux jugements intuitifs des magistrats[289].

La mesure de sûreté civile repose sur ce constat : lorsqu'une personne représente un danger objectif pour des associés

[287] Ibid.

[288] Hughes (2010), op. cit.

[289] Ibid.

identifiables, l'État peut la séparer de la société — non comme punition, mais comme protection. Cette séparation est proportionnée au danger réel, révisée périodiquement, et levée dès que le danger diminue. Elle n'implique aucun jugement moral sur la nature de l'individu — elle implique seulement un constat civil sur son niveau de dangerosité actuel.

6.2.9 — La prison et la mesure de sûreté civile

La distinction entre la prison pénale et la mesure de sûreté civile est fondamentale. La prison pénale est une punition — elle inflige délibérément de la souffrance en proportion de la faute morale, pour une durée déterminée à l'avance par la sévérité du crime. La mesure de sûreté civile est une protection — elle sépare l'individu dangereux de la société pour la durée nécessaire à la protection, révisable dès que le danger se réduit[290].

Cette distinction n'est pas sémantique. Elle transforme la nature de la réponse institutionnelle : de rétributive à préventive, de morale à empirique, de fixe à proportionnée au risque réel. Et, elle est compatible avec le statut de l'associé souverain — elle ne le traite pas comme un sujet moral à expier, mais comme une source de danger objectif à gérer avec les instruments de la raison civile.

6.2.10 — La prévention comme outil

La prévention n'est pas une idée naïve qui ignorerait la réalité du comportement humain. C'est la conclusion logique de ce que la science criminologique a établi : les comportements déviants sont produits par des conditions que l'État peut mesurer, anticiper, et

[290] Rawls (1971), op. cit.

modifier[291]. Si ces conditions sont modifiables, les modifier avant qu'elles produisent des dommages est plus efficace, moins coûteux, et plus juste que d'attendre le dommage pour punir après coup.

Cette logique est déjà appliquée dans la santé publique, où la prévention des maladies est considérée comme supérieure à leur traitement. Elle est déjà appliquée dans la sécurité routière, où la réglementation prévient les accidents plutôt que de punir leurs auteurs. La justice démocratique applique la même logique aux comportements dommageables interpersonnels[292].

La prévention est la réponse la plus cohérente avec la nature de l'État démocratique et les conclusions de la science criminologique. Si les comportements dommageables sont le produit de conditions que l'État avait l'obligation de prévenir, la réponse la plus légitime est de modifier ces conditions — non d'attendre qu'elles produisent des dommages pour punir les effets de ses propres défaillances[293].

La réponse la plus démocratique aux comportements dommageables n'est pas la réaction après le tort — c'est la prévention avant qu'il se produise. La science a établi les conditions qui produisent les comportements déviants[294]. Ces conditions sont modifiables. Les modifier, c'est traiter le problème à sa source — non attendre qu'il produise des dommages pour punir après coup.

291 Ibid.

292 Ibid.

293 Ibid.

294 Zedner (2004), op. cit.

6.2.11 — Les données relatives à la prévention

Ces résultats ne sont pas isolés. Ils s'inscrivent dans un corpus de recherche convergent qui établit que les investissements précoces dans le développement humain produisent des retours mesurables en réduction des comportements déviants à l'âge adulte. Nurse-Family Partnership, Head Start, les programmes d'alphabétisation précoce - chacun de ces programmes a été évalué rigoureusement et a produit des résultats documentés en termes de réduction de la délinquance, d'amélioration de la santé mentale, et d'augmentation de la participation au marché du travail[295].

Ces programmes ne suppriment pas entièrement le comportement déviant - rien ne le peut, Durkheim l'a établi. Mais ils en réduisent significativement l'incidence, à un coût bien inférieur à celui de l'incarcération et avec des effets bénéfiques qui se transmettent aux générations suivantes[296].

Les interventions précoces dans l'enfance produisent des réductions mesurables et durables des comportements déviants à l'âge adulte. Le programme Perry Preschool, qui a suivi ses participants pendant quarante ans, établit que chaque dollar investi dans l'éducation précoce des enfants défavorisés produit un retour mesurable en réduction des coûts judiciaires, sanitaires et sociaux[297].

L'investissement dans l'éducation, la santé mentale, le logement, l'emploi et la cohésion communautaire est la forme la plus efficace et la plus légitime de gestion des comportements dommageables. C'est la réponse rationnelle à ce que la science a démontré : les

[295] Wacquant (2009), op. cit.

[296] Heckman, J.J. (2006). Skill formation and the economics of investing in disadvantaged children. Science, 312(5782), 1900-1902. Sur le retour sur investissement des programmes d'éducation précoce (Perry Preschool).

[297] Wacquant (2009), op. cit.

comportements déviants sont le produit de conditions que l'État avait la responsabilité de prévenir. Traiter ces conditions, c'est remplir l'obligation contractuelle de l'État démocratique envers ses associés — non plus punir les conséquences de ses propres manquements[298].

6.2.12 — La prévention comme achèvement du contrat social

L'État démocratique qui investit massivement dans la prévention des comportements dommageables accomplit deux choses simultanément. Il réduit effectivement la criminalité — là où la justice pénale échoue. Et il honore son obligation contractuelle envers ses membres : garantir les conditions dans lesquelles chaque associé peut mener une vie prospère, exercer ses droits, et contribuer à la volonté générale[299].

C'est la justice démocratique dans sa forme la plus pure : non la réaction à la transgression, mais la création des conditions qui la rendent inutile. L'associé souverain placé à sa juste place — traité comme une fin en soi, garanti dans ses droits, soutenu dans les conditions de son développement — n'a pas besoin d'être puni. Il a besoin d'être accompagné[300].

[298] Heckman (2006), op. cit.

[299] Ibid.

[300] Ibid.

CHAPITRE 6.3 — LES CAS DE DANGEROSITÉ EXTRÊME DANS L'ESPACE DÉMOCRATIQUE

Les cas extrêmes sont l'épreuve ultime de la justice démocratique. C'est là que l'objection est la plus forte, et c'est là que la réponse doit être la plus précise. La justice démocratique les affronte depuis ses principes — non depuis la peur qu'ils génèrent. Elle ne détourne pas le regard de la gravité des torts — elle la reconnaît pleinement, tout en refusant de lui répondre par des catégories théologiques[301].

La démonstration serait incomplète - et intellectuellement maladroite - si elle évitait les cas extrêmes.

Que fait la justice démocratique face au meurtrier de sang-froid ? Face au violeur récidiviste ? Face au terroriste ? Ces questions ne sont pas des objections rhétoriques — elles sont des questions réelles qui exigent des réponses réelles. La justice démocratique les affronte depuis ses principes, non depuis la peur qu'elles génèrent[302].

6.3.1 — Les torts irréparables

Face au tort irréparable, la justice démocratique pose des questions différentes de celles que pose la justice pénale : non « quelle peine mérite l'auteur ? » mais « comment reconnaître la souffrance de la victime, protéger la société contre un danger futur documenté, et traiter les conditions qui ont produit ce comportement extrême ? »

[301] Ibid.

[302] Rawls (1971), op. cit.

Ces questions sont civiles — elles n'exigent pas le jugement moral de l'auteur pour y répondre[303].

Face au tort irréparable — la mort, le viol, la mutilation grave — la question démocratique n'est pas « quelle peine mérite l'auteur ? » Elle est triple : comment reconnaître et accompagner la souffrance de la victime ? Comment protéger la société si l'auteur représente un danger continu ? Comment traiter les conditions qui ont produit ce comportement extrême ?

6.3.2 — La réponse à la victime

Les recherches en victimologie ont établi que les victimes de torts graves ont des besoins précis : être entendues, être reconnues dans leur souffrance, comprendre ce qui s'est passé, et — lorsqu'elles le souhaitent — confronter l'auteur dans un cadre sécurisé pour exprimer l'impact de son acte[304].

Les programmes de justice restauratrice appliqués aux torts graves — homicides, agressions sexuelles — sont expérimentés dans plusieurs pays avec des résultats thérapeutiques documentés supérieurs à ceux produits par le procès pénal classique[305]. Ce n'est pas une obligation imposée aux victimes — c'est une option offerte à celles qui la souhaitent, en complément d'un accompagnement psychologique soutenu. La victime est un associé souverain dont les besoins sont la priorité — non un témoin instrumentalisé par l'État.

[303] Rousseau (1762/2001), op. cit.

[304] Kant (1785/1994), op. cit.

[305] Frankfurt (1969), op. cit.

6.3.3 — La réponse à la société

Lorsqu'un individu représente un danger grave et documenté pour des associés identifiables, l'État démocratique a l'obligation de les protéger. Cette protection peut prendre la forme d'une mesure de sûreté civile — séparation de la société proportionnée au danger réel, révisée périodiquement sur la base d'évaluations scientifiques du risque[306].

La différence avec la prison pénale est fondamentale : la mesure de sûreté ne punit pas la faute passée — elle protège contre le danger futur. Elle n'est pas proportionnée à la gravité du crime — elle est proportionnée au niveau de dangerosité actuel. Et elle est levée dès que ce niveau diminue — non après qu'une peine arbitrairement fixée à l'avance a été « purgée »[307].

6.3.4 — Le viol

Le viol est l'un des torts les plus graves qu'un associé puisse causer à un autre. La justice démocratique le reconnaît sans équivoque et y répond depuis ses principes — en partant des besoins réels des victimes et de l'évaluation scientifique de la dangerosité de l'auteur, plutôt que de la logique de la punition morale et de l'expiation[308].

Il détruit l'intégrité physique et psychologique de la victime d'une manière qui peut être durable, irréparable dans ses dimensions les plus profondes. La justice démocratique le reconnaît sans ambiguïté - et y répond depuis ses principes.

[306] Ibid.

[307] Herman (2005), op. cit.

[308] Ibid.

6.3.5 — Les besoins réels des victimes d'agressions sexuelles

La recherche en victimologie a établi que les victimes de viol ont des besoins spécifiques que le procès pénal ne satisfait pas systématiquement : être crues, être protégées, comprendre ce qui leur est arrivé, et — pour celles qui le souhaitent — confronter leur agresseur dans un cadre sécurisé[309]. Le procès pénal soumet la victime à un contre-interrogatoire adversarial qui met en doute sa crédibilité, la force à revivre son traumatisme, et aboutit dans une proportion significative des cas à un acquittement - laissant la victime sans reconnaissance de son tort.

Des données ont établies que la justice restauratrice appliquée aux agressions sexuelles - avec un encadrement professionnel rigoureux et un consentement explicite de la victime - produit des résultats thérapeutiques documentés supérieurs à ceux du procès pénal, sans nécessiter d'établir la culpabilité morale de l'auteur[310].

6.3.6 — La dangerosité comme critère de la réponse

L'évaluation scientifique du risque de récidive sexuelle permet de calibrer la réponse civile de manière proportionnée au danger réel. Les auteurs dont la dangerosité est évaluée comme élevée font l'objet de mesures de sûreté longues — séparation de la société, traitement intensif, surveillance renforcée. Les auteurs dont la dangerosité est

[309] Sherman (2007), op. cit.

[310] Rawls (1971), op. cit.

évaluable et traitable font l'objet de programmes de traitement dont l'efficacité est documentée[311].

Cette approche protège mieux la société que la prison pénale — qui libère l'auteur après une durée fixée à l'avance, souvent sans traitement efficace de la dangerosité, avec un casier judiciaire qui ferme les portes de la réintégration et aggrave les conditions du risque[312].

6.3.7 — Le prédateur récidiviste

Le prédateur récidiviste pose la question la plus difficile pour la justice démocratique : que faire d'un individu dont la dangerosité est évaluée comme élevée et résistante au traitement ? La réponse est ferme dans ses principes : la protection des associés exige la séparation durable — mais cette séparation est civile dans sa nature, proportionnée au danger réel documenté, et révisable[313].

L'individu dont la dangerosité est évaluée comme élevée, persistante et résistante au traitement pose la question la plus difficile pour la justice démocratique. La réponse est claire dans ses principes : la protection des associés exige la séparation — mais cette séparation n'est pas une punition, et elle n'est pas définitive par principe.

311 Zedner (2004), op. cit.

312 Herman (2005), op. cit.

313 Ibid.

6.3.8 — La mesure de sûreté à durée indéterminée

Un individu dont la dangerosité est évaluée comme élevée et persistante peut faire l'objet d'une mesure de sûreté longue - voire permanente - non parce qu'il a mérité de souffrir, mais parce que la protection des associés l'exige. La mesure de sûreté est proportionnée au danger réel, non à la gravité morale du crime passé. Elle est révisée périodiquement par des évaluateurs indépendants. Elle est levée dès que les évaluations établissent que le danger s'est suffisamment réduit[314].

Cette approche est plus harmonieuse que la prison pénale : elle ne prétend pas punir une faute morale — elle reconnaît qu'elle protège la société d'un danger objectif. Et elle est plus humaine, parce qu'elle n'exclut pas, par principe, la possibilité d'un retour dans la société pour celui dont la dangerosité diminue.

6.3.9 — Le traitement comme obligation civile

La mesure de sûreté civile s'accompagne d'une obligation de traitement — non comme condition de la liberté méritée, mais comme réponse aux conditions qui produisent la dangerosité. L'État démocratique qui prive un associé de liberté pour protéger d'autres associés a l'obligation corrélative de traiter les conditions qui fondent cette privation[315]. Le traitement n'est pas une récompense — c'est une obligation qui découle de la nature civile de la mesure de sûreté et du statut d'associé souverain de celui qui en fait l'objet.

[314] Sherman (2007), op. cit.

[315] Cullen (2000), op. cit.

6.3.10 — Quid des cas de terrorisme ?

Le terrorisme représente l'épreuve la plus sévère pour la justice démocratique — non parce qu'il pose des questions différentes, mais parce qu'il génère une pression politique et émotionnelle qui pousse à abandonner les principes démocratiques au nom de l'urgence. Cette pression est compréhensible. Elle est aussi dangereuse : en répondant au terrorisme par la suspension des garanties démocratiques, l'État accomplit précisément ce que le terroriste cherche à provoquer — la démonstration que la démocratie ne peut pas survivre à sa propre logique sous pression[316].

La justice démocratique résiste à cette pression non par naïveté mais par cohérence : les principes ne valent que s'ils tiennent sous pression. Une démocratie qui abandonne ses principes face à la menace confirme implicitement leur superficialité.

Le terrorisme cherche à imposer sa logique — la logique de la guerre, de l'exception, de la suspension des principes démocratiques au nom de l'urgence. La justice démocratique résiste à cette logique en restant dans le cadre de l'ordre civil. Elle traite le terroriste comme un associé dangereux à contenir et à traiter — non comme un ennemi à détruire en dehors du droit. C'est la victoire de la démocratie sur la violence[317].

Le terrorisme cause des torts graves à des associés réels et génère une peur collective qui affecte l'ensemble de la communauté démocratique. La justice démocratique le traite depuis ses principes — non depuis la peur qu'il génère, non depuis la logique de la guerre que ses auteurs cherchent à imposer.

[316] Western (2006), op. cit.

[317] Rawls (1971), op. cit.

6.3.11 — Le terrorisme comme phénomène social

Cette compréhension du terrorisme comme phénomène social produit par des conditions identifiables ne signifie pas l'indulgence envers les actes terroristes. Elle signifie que la réponse efficace n'est pas la punition de l'individu — qui ne supprime pas les conditions qui l'ont produit — mais l'intervention sur ces conditions.

Les programmes de déradicalisation qui ont produit les résultats les plus documentés opèrent précisément sur ces conditions : ils offrent une identité alternative à celle fournie par le groupe extrémiste, reconstruisent des liens sociaux qui ont été remplacés par l'appartenance radicale, et traitent les traumatismes qui ont rendu l'individu vulnérable au recrutement. Ce travail est incompatible avec l'incarcération — qui renforce l'identité radicale plutôt que de la dissoudre[318].

La criminologie du terrorisme a établi que les individus qui commettent des actes terroristes ne sont pas, dans leur immense majorité, des êtres fondamentalement différents des autres associés. Ils sont des individus dont le parcours — déracinement, marginalisation, recrutement idéologique, radicalisation progressive — peut être compris, cartographié, et dans une proportion significative des cas, interrompu avant le passage à l'acte[319].

Les programmes de déradicalisation — menés dans plusieurs pays avec des résultats documentés — traitent le terrorisme pour ce qu'il est : un phénomène social produit par des conditions identifiables[320].

[318] Ibid.

[319] Cullen (2000), op. cit.

[320] Garland (2001), op. cit.

Ils sont plus efficaces que l'incarcération pour prévenir la récidive terroriste, parce qu'ils traitent la cause — l'idéologie, l'appartenance, le sens — plutôt que de punir l'effet.

CHAPITRE 6.4 — LA TRANSITION : COMPLÉTER LA RÉVOLUTION DÉMOCRATIQUE

Ce chapitre final ne propose pas un programme détaillé. Ce n'est pas son objet. Il formule les conditions de possibilité d'une transition qui est déjà en cours, à l'état fragmentaire, dans les pratiques alternatives qui ont prouvé leur supériorité[321]. La transition n'attendra pas une décision politique centrale — elle progresse par l'accumulation de preuves, l'extension des pratiques alternatives, et la pression croissante de la contradiction entre les principes proclamés et les pratiques maintenues.

Ce que ce chapitre apporte, c'est la formulation de l'horizon vers lequel cette progression s'oriente : l'associé souverain traité comme ce qu'il est — la source du pouvoir, la fin de toute institution, jamais son moyen[322].

La transition vers la justice démocratique est l'achèvement logique de ce que les révolutions de 1776, 1789 et 1804 ont commencé. Elle n'est pas un programme parmi d'autres — c'est l'exigence de cohérence que l'ordre démocratique s'impose à lui-même par la logique interne de ses propres principes. Ce chapitre final précise les conditions de cette transition et son horizon[323].

La transition vers la justice démocratique est un impératif de cohérence. Les sociétés démocratiques ont renversé la théocratie dans l'ordre politique il y a deux siècles et demi. Elles n'ont pas

[321] McCauley, C., & Moskalenko, S. (2011). Friction: How radicalization happens to them and us. Oxford University Press. Sur les mécanismes de radicalisation et les programmes de déradicalisation documentés.

[322] Ibid.

[323] Ibid.

accompli ce renversement dans l'ordre pénal. Ce qui reste à faire est clair : compléter ce que 1776, 1789 et 1804 ont commencé[324].

6.4.1 — Ce qu'exige la transition démocratique effective

La transition vers la justice démocratique n'est pas un saut dans le vide. C'est un processus progressif, documenté, dont les jalons sont déjà posés dans les pratiques existantes. Les programmes de justice restauratrice existent. Les tribunaux de traitement pour les toxicomanes existent. La dépénalisation des comportements sans victime directe a été expérimentée avec succès. Les investissements dans la prévention précoce ont prouvé leur efficacité. Ce qui manque n'est pas la preuve que la transition est possible — c'est la volonté politique de la systématiser[325].

Cette volonté ne surgira pas spontanément. Elle doit être produite — par la nomination claire du problème, par la démonstration de l'efficacité des alternatives, et par la construction d'un consensus politique autour de la cohérence démocratique comme impératif.

La transition exige d'abord un acte intellectuel et politique décisif : nommer le problème pour ce qu'il est. La justice pénale est une institution théocratique dans un ordre démocratique. Cette nomination n'est pas un jugement de valeur — c'est un diagnostic. Et comme tout diagnostic, il est la condition nécessaire de tout traitement efficace. Tant que la contradiction n'est pas nommée, elle ne peut être que masquée — jamais résolue[326].

[324] Ibid.

[325] Garland (2001), op. cit.

[326] Kant (1785/1994), op. cit.

La transition n'est pas un événement — c'est un processus. Le même type de processus long, difficile et contesté que toutes les grandes transitions institutionnelles de la démocratie ont été. L'abolition de l'esclavage a pris des décennies après que sa légitimité a été remise en cause. Le suffrage universel a mis un siècle à s'imposer. La séparation de l'Église et de l'État a rencontré des résistances qui durent encore. La justice démocratique suivra le même chemin[327].

6.4.2 — Nommer le problème

Nommer la justice pénale comme institution théocratique dans un espace démocratique accomplit le même travail : non abolir d'un coup, mais rendre la contradiction visible, intenable, et ultimement irréformable[328].

La première exigence de la transition est de nommer le problème pour ce qu'il est. La justice pénale est une institution théocratique dans un ordre démocratique. Cette nomination n'est pas un jugement de valeur — c'est un diagnostic. Et comme tout diagnostic, il est la condition nécessaire de tout traitement.

Tant que la contradiction n'est pas nommée, elle ne peut pas être résolue. Elle peut seulement être masquée par des réformes successives qui humanisent les formes sans toucher la nature. La nomination est l'acte politique et intellectuel qui rend la transition possible[329].

[327] Arendt (1963), op. cit.

[328] Ibid.

[329] Ibid.

6.4.3 — Développer et étendre les alternatives

Ces alternatives ne sont pas des utopies — ce sont des pratiques existantes dont l'efficacité est documentée et dont l'expansion est une question de volonté politique, non de faisabilité technique. La Nouvelle-Zélande a intégré la justice restauratrice dans son système de justice juvénile avec des résultats mesurables en réduction de la récidive[330].Le Portugal a dépénalisé la consommation de toutes les drogues et mesuré les résultats. Les pays scandinaves ont investi massivement dans la réhabilitation et obtenu les taux de récidive les plus bas du monde démocratique.

Ces exemples ne sont pas des exceptions culturelles inexportables - ce sont des preuves de concept qui démontrent que la justice démocratique est réalisable[331].

La deuxième exigence est le développement systématique des alternatives : les programmes de justice restauratrice, les tribunaux de traitement, la dépénalisation des comportements sans victime directe, le transfert des investissements massifs de l'incarcération vers la prévention, l'éducation et la santé mentale[332].

Ces alternatives ne sont pas des utopies. Elles fonctionnent dans nombre de pays. Elles fonctionnent au Portugal, en Nouvelle-Zélande, dans les pays scandinaves, dans les programmes de justice restauratrice appliqués aux crimes graves aux États-Unis et au Canada[333].Chaque extension de leur application est un pas vers la cohérence de l'ordre démocratique avec ses propres principes.

[330] Comte (1830–1842/1975), op. cit.

[331] Arendt (1963), op. cit.

[332] Ibid.

[333] Ibid.

6.4.4 — L'associé souverain comme horizon

L'associé souverain comme horizon de la justice n'est pas une abstraction philosophique — c'est un critère opérationnel. Pour toute règle, toute procédure, toute institution, il pose la question : cette règle traite-t-elle l'individu comme une fin en soi, comme la source du pouvoir qu'il est ? Ou le traite-t-elle comme un moyen — de signifier quelque chose à la société, d'affirmer un ordre moral, d'expier une faute ?

La justice pénale échoue systématiquement à ce test. Elle utilise l'accusé pour affirmer la condamnation morale de la société. Elle utilise le condamné pour signifier la gravité de la transgression. Elle utilise la victime pour établir la culpabilité de l'auteur. Dans chaque cas, les personnes réelles sont des moyens d'un effet institutionnel — non des fins que l'institution est tenue de servir[334].

L'associé souverain est l'horizon vers lequel toute institution démocratique doit se tourner pour mesurer sa légitimité. Il est l'étalon — la référence par rapport à laquelle toute règle, toute procédure, toute institution doit être évaluée. Placer l'associé à sa juste place — source du pouvoir, fin de toute institution, jamais simple moyen — est l'acte fondateur de la justice démocratique[335].

La justice démocratique n'est pas une utopie. C'est une exigence de cohérence. Les sociétés démocratiques proclament que l'individu est la source de l'autorité, que ses droits sont inhérents, que l'État existe pour les garantir. Elles maintiennent simultanément une institution qui le traite comme un sujet moral à expier. Cette contradiction ne peut pas durer indéfiniment — non pas parce que la bonne volonté finira par triompher, mais parce que les contradictions structurelles

[334] Sherman (2007), op. cit.

[335] Hughes (2010), op. cit.

se résolvent, tôt ou tard, sous la pression de leur propre incohérence[336].

6.4.5 — La promesse des révolutions

Cette promesse n'a pas été trahie intentionnellement. Elle a été partiellement accomplie — dans l'abolition de l'esclavage, dans le suffrage universel, dans la séparation de l'Église et de l'État, dans la reconnaissance des droits civils. Ce sont des accomplissements réels et durables. Mais ils sont restés incomplets tant que la justice — l'institution qui régule les rapports entre associés lorsqu'ils se causent du tort — continue de fonctionner selon la logique de l'ordre renversé.

Compléter la promesse révolutionnaire dans le domaine pénal n'est pas une demande excessive. C'est la simple application à un domaine resté en retard de la logique que les révolutions ont déjà appliquée à tous les autres[337].

Les révolutionnaires de 1776, 1789 et 1804 ont fait une promesse précise : que les institutions seraient au service des associés qui les ont instituées, et qu'elles seraient cohérentes avec les principes qu'ils ont proclamés. Cette promesse n'a pas été tenue dans le domaine pénal. La tenir, c'est l'achèvement de la révolution démocratique — non son dépassement[338].

L'associé souverain est l'étalon par lequel toutes les institutions démocratiques doivent être mesurées. Toute institution qui ne peut pas justifier son existence et sa forme à l'aune de ce statut est, par définition, illégitime dans l'espace démocratique. La justice pénale ne passe pas ce test. La justice démocratique le passe — parce qu'elle

[336] Cullen (2000), op. cit.

[337] Hughes (2010), op. cit.

[338] Kant (1785/1994), op. cit.

traite l'individu comme ce qu'il est : la source du pouvoir, la fin de l'institution, jamais son simple moyen[339].

6.4.6 — La paix et le bonheur comme horizon rationnel

Une fois que l'associé souverain est placé à sa juste place — traité comme une fin en soi, garanti dans ses droits, soutenu dans les conditions de son développement — quelque chose de simple devient possible : la justice cesse d'être un instrument de domination morale pour devenir un instrument de réparation civile. Le conflit entre associés cesse d'être une occasion pour l'État d'exercer un jugement moral pour devenir une occasion de restaurer l'équilibre rompu.

Ce n'est pas une vision naïve. C'est la conclusion logique de la démonstration — l'horizon rationnel que la raison positive, appliquée à l'organisation de la vie collective, permet d'atteindre. Les êtres raisonnables que nous sommes ont la capacité de construire des institutions à la mesure de leur raison. La justice démocratique est cette institution. Elle attend d'être construite.

Compléter la révolution démocratique signifie étendre à la justice ce qui a été accompli dans tous les autres domaines de la vie institutionnelle : remplacer la logique du sacré par la logique du civil, la faute morale par le préjudice réel, l'expiation par la réparation, la punition par la protection. Ce n'est pas la fin de la justice — c'est son commencement véritable.

[339] Ibid.

CONCLUSION

Il existe, dans l'histoire de la pensée humaine, des moments où une démonstration s'achève non pas par une surprise, mais par une évidence — une évidence que la démonstration a rendue visible en déblayant ce qui la cachait. Ce livre est de cet ordre.

I. Ce que la démonstration a établi

Nous sommes partis d'une logique simple, formulée en termes juridiques : la justice pénale souffre d'un vice rédhibitoire. Non un défaut de fonctionnement que la réforme pourrait corriger. Un défaut de nature — antérieur à tout usage, structurel, irrémédiable dans le cadre de l'institution elle-même. Un défaut qui rend l'institution impropre à l'usage auquel on la destine dans l'ordre démocratique.

La démonstration a été réalisée en six temps qui se confirment mutuellement.

Première étape — La Partie I a établi que la justice pénale est antérieure à l'État démocratique de vingt-cinq siècles — non dans une tradition particulière, mais universellement. Elle est née dans l'ordre théocratique, pour l'ordre théocratique, avec les prémisses de l'ordre théocratique : autorité transcendante, faute morale, expiation. L'État démocratique ne l'a pas créée — il l'a héritée de l'ordre qu'il a renversé.

Deuxième étape — La Partie II a établi que la transition démocratique — accomplie en 1776, en 1789, et dans sa plénitude universelle en 1804 — a produit un ordre radicalement nouveau dont la nature est diamétralement opposée à celle de la justice pénale. L'individu associé est né. Il associe pour créer l'État démocratique qui lui-même a la nature civile. Aussi, le principe— ***nemo dat quod non habet*** — établit de façon non équivoque le vice de délégation originaire vicié à la source la constitutionnalité de la justice pénale.

Troisième étape — La Partie III a établi par la voie indépendante de la science que la prémisse centrale de la justice pénale — la faute morale individuelle librement choisie — a été dissoute. Non pas dans l'espace démocratique seulement mais universellement. La déviance est tributaire des conditions sociales d'existence. La science confirme ce que la philosophie avait établi par une voie entièrement différente.

Quatrième étape — La Partie IV a traduit ces démonstrations en termes juridiques formels. La justice pénale est structurellement incompétente dans l'espace démocratique à un triple titre : ratione personae, ratione materiae, ratione loci. Cette triple incompétence est irrémédiable par la réforme.

Cinquième étape — La Partie V a documenté le coût de la fossilisation dans la réalité vécue de tous ceux que la justice pénale prétend servir. Elle détruit les acteurs institutionnels, les condamnés, les victimes tous azimuts. Pire, elle maintient la société dans un état de peur organisée industrialisée.

Sixième étape — La Partie VI a démontré que la justice démocratique n'est pas une utopie. Ses instruments existent. Ses principes sont déjà acceptés. Son application dans les cas les plus extrêmes produit des résultats plus cohérents et plus efficaces que la justice pénale.

Six facteurs. Trois sources indépendantes : l'histoire, la philosophie et la science. Une seule conclusion : la justice pénale est hors territoire dans l'ordre démocratique.

II. *Ce que cela signifie pour les sociétés démocratiques*

La reconnaissance du vice rédhibitoire a des implications que l'on ne peut pas éluder. Elle signifie d'abord que la question « comment réformer la justice pénale » est une fausse question. On ne guérit pas un vice rédhibitoire par des améliorations de surface. On ne rend pas légitime une institution en la rendant plus humaine.

Elle signifie ensuite que la question pertinente n'est pas « voulons-nous abolir la justice pénale » mais « avons-nous le droit, dans l'ordre démocratique que nous avons choisi, de maintenir une institution structurellement incompatible avec ses principes fondateurs ? »

La réponse à cette question n'est pas politique. Elle est logique. Un ordre cohérent avec lui-même ne peut pas maintenir indéfiniment une institution conçue pour un ordre opposé. La cohérence n'est pas une option. C'est l'essence de la légitimité.

Elle signifie enfin que la transition vers la justice démocratique n'est pas un choix parmi d'autres. C'est l'achèvement d'une transition que les révolutionnaires de 1776, 1789 et 1804 ont commencée. Ils ont renversé Dieu. Ils ont renversé les rois. Ils ont aboli les privilèges de la naissance. Ils ont proclamé que l'individu est la source de l'autorité. Ils n'ont pas tiré toutes les conséquences de ce qu'ils avaient fait. C'est à leurs héritiers de le faire.

III. L'interpellation directe

Si vous êtes juriste — constitutionnaliste, pénaliste, magistrat, avocat — ce livre vous pose une question que votre formation ne vous a pas appris à poser : d'où la justice pénale tient-elle son droit de juger la faute morale de l'associé souverain ? Non pas sa légalité formelle — sa légitimité substantielle, mesurée à l'aune des principes constitutifs de l'État démocratique dont vous êtes le serviteur. La question n'est pas rhétorique. Elle mérite une réponse.

Si vous êtes législateur — élu, ministre, membre d'une assemblée constituante — vous avez prêté serment de servir la constitution démocratique de votre État. Ce livre démontre que la justice pénale contredit ces principes dans ses prémisses les plus fondamentales.

Si vous acceptez cette démonstration, votre serment vous impose d'agir. Chaque jour où vous maintenez une institution dont les prémisses contredisent les principes que vous avez juré de servir est un jour où la cohérence démocratique est différée.

Si vous êtes citoyen — associé souverain de l'État démocratique dans lequel vous vivez — ce livre vous appartient plus qu'à quiconque. C'est de votre nom que la justice pénale prononce ses verdicts. C'est votre délégation qu'elle prétend exercer lorsqu'elle juge la faute morale de vos semblables.

Ce livre vous démontre que cette délégation n'a jamais existé. Ce que vous n'avez plus le droit de faire — si vous acceptez la démonstration — c'est de prétendre que vous ne saviez pas.

IV. Ce moment dans l'histoire

Chaque grande transition institutionnelle a été précédée d'une période où l'inévitable paraissait impossible. L'abolition de l'esclavage semblait impossible à ceux dont l'économie en dépendait. Le suffrage universel semblait impossible à ceux qui détenaient le pouvoir par son absence. La séparation de l'Église et de l'État semblait impossible à ceux qui trouvaient dans leur union la justification de leur autorité.

Toutes ces transitions ont eu lieu. Elles ont toutes été précédées d'un travail de nomination — quelqu'un a dû nommer l'institution pour ce qu'elle était avant que la transition soit possible.

La justice pénale est l'esclavage de notre époque en ce sens précis. Elle est l'institution qui s'est maintenue dans l'ordre démocratique par la force de l'habitude, l'incapacité d'imaginer l'ordre sans elle, et les intérêts considérables qui se sont cristallisés autour d'elle.

Comme l'esclavage, elle détruit aussi bien ceux qu'elle opprime que ceux qu'elle est censée protéger. Et comme l'esclavage, sa fin paraît impossible jusqu'au jour où elle devient inévitable.

V. La dernière considération -

En remontant le temps, on constate que le fonctionnement de la justice pénale n'a pas bougé d'un pouce dans sa finalité. Encore, on a la même configuration.

Babylone, 1750 avant notre ère. Un homme est amené devant le prêtre. Il a transgressé l'ordre divin. Il sera puni. L'ordre sera restauré. La logique est parfaite.

New York, 2025. Un homme est amené devant le juge. Il a transgressé la loi. Il sera puni. L'ordre sera restauré. La logique est la même.

N'est-ce pas vrai que cet ordre n'est plus le même ?

Entre ces deux scènes, quelque chose d'immense s'est produit. Les hommes ont décidé qu'ils étaient libres. Qu'ils étaient égaux. Qu'ils étaient la source de leur propre gouvernement. Qu'ils ne devaient compte à aucune autorité qui les transcende. Qu'ils étaient, dans le sens le plus profond du terme, des associés. C'est la transition de la théocratie vers la démocratie.

Ce choix a des conséquences. Toutes les conséquences. Y compris celle-ci : qu'on ne peut plus juger un associé comme on jugeait un sujet théocratique. Qu'on ne peut plus répondre à la faute morale là où il n'y a que des torts civils. Qu'on ne peut plus expier là où il faut réparer. Qu'on ne peut plus punir là où il faut protéger.

La démocratie a promis quelque chose de précis : que les institutions seraient mis au service des associés qui les ont instituées, et qu'elles seraient cohérentes avec les principes qu'ils ont proclamés.

La justice pénale ne tient pas cette promesse. Elle ne peut pas la tenir. Elle n'a pas été conçue pour cela. C'est son vice rédhibitoire. Et ce vice, maintenant qu'il a été nommé, ne peut plus être ignoré.

L'heure est venue de parachever la révolution démocratique : la justice démocratique est la justice propre aux associés souverains. L'État démocratique ne peut plus tolérer en son sein une institution qui le rend à la fois bancale et hybride. La transition a eu lieu.

Vingt-sept siècles. Deux décors. Une seule logique. Mais l'ordre a changé. Il est temps que la justice change avec lui.

- Quesner

GLOSSAIRE DES TERMES CLÉS

Associé — Dans la tradition du contrat social (Locke, Rousseau, Jefferson), désigne l'individu qui est la source originaire de l'autorité politique et de la légitimité juridique. L'associé ne reçoit pas la loi : il l'a co-créée. Il n'est pas sujet de l'État : il en est le mandant. Rousseau formule la conséquence logique de ce statut : l'associé n'obéit qu'à la loi qu'il s'est lui-même donnée, ce qui est la seule obéissance compatible avec la liberté politique (Rousseau, 1762/2001, II.6). Dworkin a théorisé les droits de l'associé comme des atouts qui l'emportent sur toute prétention collective à le soumettre à une autorité qu'il n'a pas déléguée (Dworkin, 1977). C'est précisément ce statut que la justice pénale nie en pratiquant un jugement moral qui excède la délégation civile consentie.

Caractère hybride — Désigne la coexistence, dans un même ordre juridique, de deux logiques structurellement incompatibles : la logique démocratique (autorité par consentement, droits inhérents, responsabilité civile) et la logique théocratique (faute morale, culpabilité, expiation). Kelsen avait posé l'exigence de cohérence interne du système juridique comme condition de sa validité : deux normes fondées sur des prémisses irréductibles ne peuvent coexister sans que l'une vicie l'autre (Kelsen, 1934/1999). Garland a empiriquement documenté cette tension dans les démocraties libérales contemporaines, où un discours des droits coexiste avec des pratiques répressives héritées (Garland, 2001). La notion de caractère hybride désigne précisément cet état d'incohérence structurelle que l'ouvrage entend résoudre par la substitution.

Crime (catégorie théologique) — Dans le contexte de cet ouvrage, le « crime » désigne non pas simplement un acte nuisible, mais une catégorie morale construite dans la tradition théocratique : une transgression de l'ordre moral qui dépasse le préjudice concret causé à une victime. Feinberg a analysé cette dimension « expressive » de la punition : la peine ne répare pas un préjudice — elle condamne un acte comme moralement répréhensible, indépendamment de ses conséquences concrètes (Feinberg, 1970). Husak a montré que la catégorie « crime » s'est progressivement étendue à des comportements sans victime identifiable, révélant ainsi que son critère organisateur n'est pas le tort mais la transgression morale (Husak, 2008). Berman a retracé l'origine canonique de cette catégorie dans la distinction théologique entre péché et crime, distinction qui n'a jamais été effacée par la sécularisation formelle du droit pénal (Berman, 1983).

Culpabilité — Du latin culpa (faute morale). En droit pénal, la culpabilité désigne la responsabilité morale de l'accusé pour un acte intentionnel. L'ouvrage soutient que la culpabilité, comme catégorie juridique, n'a de sens que dans un ordre où la faute morale est une catégorie légitime, c'est-à-dire dans l'ordre théocratique. Anselme de Cantorbéry avait élaboré la théologie de la culpabilité comme dette envers l'ordre divin, dont la satisfaction exige la souffrance du coupable (Anselme, 1098, Cur Deus Homo). Cette structure théologique a été transmise au droit pénal sans transformation de sa logique fondamentale, comme l'a démontré Whitman (2008). Frankfurt a montré que la notion de responsabilité morale pleine présupposée par la culpabilité pénale — la capacité d'avoir agi autrement dans les mêmes conditions — ne résiste pas à l'examen déterministe (Frankfurt, 1969), ce que la criminologie scientifique a confirmé empiriquement.

Double injustice — Formulation centrale de la Partie III : l'État commet une première injustice en manquant à ses obligations contractuelles envers l'associé. Il commet une deuxième injustice en punissant ensuite cet associé pour les conséquences de ce manquement. Wacquant a documenté empiriquement cette double injustice dans les démocraties néolibérales : le retrait de l'État social et l'expansion de l'État pénal frappent les mêmes populations, rendant visible la substitution de la protection sociale par la répression (Wacquant, 2009). Western a établi statistiquement que l'incarceration de masse aux États-Unis a touché prioritairement les hommes noirs peu qualifiés, produits des inégalités structurelles que l'État n'a pas corrigées (Western, 2006). Alexander a montré que ce mécanisme constitue une forme systémique de discrimination raciale institutionnalisée (Alexander, 2010).

Expiation - La souffrance infligée comme satisfaction due à l'ordre moral violé. Distincte de la réparation (qui compense une perte concrète) et de la protection (qui neutralise un danger). L'expiation est la finalité fondamentale de la peine dans la logique théocratique. Anselme de Cantorbéry a formulé la théologie de la satisfaction expiatoire dans sa forme la plus systématique : la transgression crée une dette envers l'ordre divin que seule la souffrance proportionnée peut acquitter (Anselme, 1098). Durkheim a décrit comment, dans les sociétés modernes, la peine conserve cette fonction expiatoire sous des formes séculières, révélant ainsi la persistance de la logique théologique dans les institutions démocratiques (Durkheim, 1893/2013). Nietzsche avait anticipé cette analyse en montrant que la cruauté institutionnalisée de la peine trouve son origine dans une « volonté de punir » d'ordre moral qui précède tout calcul utilitaire (Nietzsche, 1887/2000).

Filiation structurelle - Mode de transmission entre la justice théocratique et la justice pénale moderne, qui ne passe pas par une adoption consciente mais par la reproduction des structures fondamentales : prémisses sur la nature de la faute, catégories de jugement, logique de la sanction. Berman a fourni la démonstration historique la plus rigoureuse de cette filiation, en retraçant la transmission des catégories canoniques — mens rea, culpa, satisfactio — au droit pénal séculier des démocraties modernes (Berman, 1983). Foucault a analysé comment, même lorsque les formes changent (du su pplice à la prison), la logique disciplinaire et rétributive demeure structurellement intégralement transmise (Foucault, 1975). Le Chapitre I.3 de l'ouvrage apporte la confirmation étymologique de cette filiation : chaque terme central du vocabulaire pénal porte encore, intact, l'empreinte de son origine théologique.

Incompétence ratione materiae - Incompétence d'une juridiction en raison de la nature de l'objet dont elle prétend connaître. La justice pénale est incompétente ratione materiae dans l'ordre démocratique parce que la catégorie « crime » comme faute morale transcendant le préjudice concret n'a pas de réalité dans un ordre où il n'y a pas d'ordre moral à défendre. Husak a démontré que la criminalisation d'actes sans victime identifiable - usage de drogues, jeux d'argent, proxinétisme consenti - révèle que le critère organisateur du droit pénal n'est pas le tort mais la transgression morale, catégorie illégitime dans l'ordre civil démocratique (Husak, 2008). Feinberg avait identifié cette dimension « expressive » de la punition comme preuve que la justice pénale condamne des « actes » et non des « torts » (Feinberg, 1970). Zedner a confirmé que cette élongation de l'objet de la justice pénale au-delà du tort concret est structurellement irréformable (Zedner, 2004).

Incompétence ratione personae — Incompétence d'une juridiction en raison de la nature des personnes dont elle prétend connaître. La justice pénale prétend exercer sur les associés le type d'autorité transcendante que seul un ordre théocratique peut légitimement exercer sur ses sujets. Le principe ***nemo dat quod non habet*** fonde cette incompétence : les associés ne peuvent déléguer à l'État que les pouvoirs qu'ils possèdent dans leur nature civile ; or le pouvoir de juger la faute morale appartient à l'ordre confessionnel et ne figure pas parmi les prérogatives que l'associé peut déléguer

(Locke, 1689/1988). Kant a posé l'interdit déontologique correspondant : traiter un être rationnel comme un moyen de politique publique — c'est-à-dire le punir pour l'effet que sa punition produit sur les autres — viole irrémédiablement le principe de la dignité (Kant, 1785/1994). La Partie IV de l'ouvrage déploie ces deux arguments dans leur formulation juridique formelle.

Justice civile étendue - Dans la terminologie de cet ouvrage, désigne le système de gestion des conflits entre associés qui devrait remplacer la justice pénale dans l'ordre démocratique. Elle repose sur trois principes : la réparation du préjudice concret, la protection proportionnée au danger réel, et le traitement des causes sociales du comportement nuisible. Christie avait formulé l'intuition fondatrice : les conflits entre personnes constituent une « propriété » que la justice pénale confisque à leurs protagonistes réels ; la restituer aux parties est la condition d'une justice véritablement civile (Christie, 1977). Braithwaite a théorisé les instruments institutionnels de cette justice étendue à travers le concept de honte réintégratrice, compatible avec la cohésion sociale démocratique (Braithwaite, 1989). Les méta-analyses de Sherman et Strang fournissent la preuve empirique que ces instruments produisent des résultats supérieurs à la justice rétributive sur les critères de satisfaction des victimes et de réduction de la récidive (Sherman et Strang, 2007).

Justice restauratrice - Approche de résolution des conflits centrée sur la réparation du tort causé, la restauration des relations et la réintégration de l'auteur. Distincte de la justice rétributive en ce qu'elle pose la question « quel tort a été causé et comment y remédier » plutôt que « quelle peine mérite le coupable ». Christie en a posé le fondement théorique : la justice restauratrice restitue aux protagonistes réels la propriété de leur conflit, que la justice pénale avait confisquée au profit de l'État (Christie, 1977). Braithwaite en a théorisé les mécanismes à travers la honte réintégratrice : condamner l'acte tout en préservant le lien social avec l'auteur, à l'opposé de la stigmatisation pénale (Braithwaite, 1989). Sherman et Strang ont conduit les méta-analyses les plus rigoureuses disponibles, conférant la supériorité de la justice restauratrice sur la satisfaction des victimes, la réduction de la récidive et le coût social (Sherman et Strang, 2007). Herman a montré que les victimes de crimes graves — y compris de violence sexuelle — expriment une préférence significative pour des processus restaurateurs plutôt que pour la procédure pénale (Herman, 2005).

Mens rea - Terme latin désignant l'intention coupable, élément central de la responsabilité pénale. Sa présence comme exigence fondamentale du droit pénal est l'une des preuves de la filiation canonique de la justice pénale : la distinction entre l'acte matériel et l'intention morale est héritée directement de la théologie morale médiévale. Brundage a retracé la transmission de la mens rea du droit canonique médiéval au droit pénal séculier : l'exigence d'intention morale pour qu'il y ait « crime » est une invention de la théologie morale, pas du droit civil (Brundage, 1995). Fletcher a analysé l'aporie que la mens rea crée face aux démonstrations neuroscientifiques sur la formation de l'intention (Fletcher, 1978). Frankfurt a montré que la possibilité d'agir autrement — présupposé de la mens rea — n'est pas une condition nécessaire de la responsabilité morale (Frankfurt, 1969).

Mutation ontologique - Désigne le changement dans la nature même de ce qu'est un être humain en face de l'autorité, opéré par les révolutions démocratiques. Avant la mutation : l'individu est un sujet. Après la mutation : l'individu est un associé dont le consentement fonde l'autorité. Arendt a analysé cette mutation comme la transformation la plus profonde accomplie par les révolutions modernes : en fondant le pouvoir sur le consentement, elles ont créé un type d'être politique entièrement nouveau dans l'histoire (Arendt, 1963). Locke avait anticipé ses conséquences juridiques : l'individu-associé ne peut être soumis à aucune autorité qu'il n'a pas consentie, y compris au jugement de sa conscience morale par l'État (Locke, 1689/1992, Lettre sur la tolérance). Cette mutation est irréversible : aucune restauration de l'autorité morale de l'État ne peut être légitime dans l'espace démocratique sans vider le concept d'associé de toute substance.

Peine - Souffrance infligée délibérément à un individu en réponse à un acte jugé moralement répréhensible. L'ouvrage soutient que la peine, comme catégorie juridique, n'a de sens que dans l'ordre théocratique où elle satisfait une exigence morale divine. L'étymologie en porte la trace : le latin poena calque le grec poinê, la compensation due aux dieux ou aux Furies pour une transgression de l'ordre cosmique (Liddell et Scott, 1940). Kant a tenté de construire une justification rétributive de la peine dans les termes de la raison pratique pure, mais Rawls a montré que cette justification ne peut éviter de traiter l'individu puni comme moyen d'un ordre moral qui le dépasse, incompatible avec la liberté égale (Rawls, 1971). Nagin a résumé l'état de la preuve empirique : la peine ne réduit pas significativement la criminalité — révélant ainsi qu'elle sert d'autres fins que l'ordre social (Nagin, 2013).

Rétributivisme - Théorie philosophique de la justice pénale selon laquelle punir est juste en soi, indépendamment de ses conséquences sociales. L'ouvrage soutient que le rétributivisme est la traduction philosophique séculière de l'archétype théocratique, et qu'il perd sa justification dans l'ordre démocratique. Kant en a donné la formulation la plus rigoureuse dans les termes de la raison pratique : la punition du coupable est un impératif catégorique indépendant de tout calcul d'utilité sociale (Kant, 1797/1994, Métaphysique des mœurs). Rawls a réfuté le rétributivisme pur en montrant qu'une société juste ne peut infliger de souffrance à ses membres sans référence à un bénéfice social justifiable (Rawls, 1971). Tonry a documenté comment le retour du rétributivisme à la fin du XXe siècle a été politiquement construit plutôt que philosophiquement fondé (Tonry, 2004), ce qui en révèle la fonction idéologique plutôt que rationnelle.

Sujet - Dans la tradition politique pré-démocratique, désigne l'individu soumis à une autorité qui précède son existence et ne dépend pas de son consentement. La justice pénale a été conçue pour le sujet. Cependant, elle est structurellement inadaptée à l'associé. Weber a analysé la domination traditionnelle qui fonde le statut du sujet : l'autorité y est légitime parce qu'elle a toujours été, non parce qu'elle a été consentie (Weber, 1921/1995).

Foucault a montré comment les techniques disciplinaires de la prison ont été conçues pour des « sujets » — des corps à dresser et à normaliser - et non pour des associés dont la dignité doit être respectée (Foucault, 1975). La contradiction irréductible de la justice pénale dans l'espace démocratique tient entièrement à cette inadaptation : elle traite l'associé comme un sujet - ce que le droit constitutionnel démocratique lui interdit structurellement.

Vice rédhibitoire - En droit civil, le défaut caché d'une chose vendue qui la rend impropre à l'usage auquel on la destine. Utilisé métaphoriquement dans cet ouvrage pour désigner le défaut structurel de la justice pénale : elle a été conçue pour un ordre théocratique et est structurellement inadaptée à l'ordre démocratique. La métaphore souligne que le défaut n'est pas fonctionnel mais constitutif : comme le vice rédhibitoire en droit civil justifie la résolution du contrat — non la réparation, le vice de la justice pénale exige sa substitution, non sa réforme.

Davis a formulé le même argument dans des termes abolitionnistes : les fonctions réelles de la prison sont irréconciliables avec ses justifications déclarées, de sorte qu'aucune réforme ne peut corriger le défaut (Davis, 2003). Foucault avait identifié cette irréformabilité en montrant que l'échec de la prison à réhabiliter est consubstantiel à son fonctionnement - ce que deux siècles et demi de réformes avortées ont empiriquement confirmé (Foucault, 1975).

BIBLIOGRAPHIE GÉNÉRALE

Alexander, M. (2010). The New Jim Crow: Mass Incarceration in the Age of Colorblindness. The New Press.

Allen, J. P. (2000). Middle Egyptian: An Introduction to the Language and Culture of Hieroglyphs. Cambridge University Press.

Andrews, D. A., & Bonta, J. (2010). The Psychology of Criminal Conduct (5e éd.). LexisNexis.

Anselme de Cantorbéry. (1098/1963). Pourquoi Dieu s'est fait homme. Éditions du Cerf.

Arendt, H. (1963). On Revolution. Viking Press.

Assemblée nationale constituante. (1789). Déclaration des droits de l'homme et du citoyen.

Assemblée nationale constituante. (1791). Code pénal du 25 septembre-6 octobre 1791.

Assmann, J. (2001). The Search for God in Ancient Egypt. Cornell University Press.

Barber, M. (1978). The Trial of the Templars. Cambridge University Press.

Beccaria, C. (1764/1991). Des délits et des peines (trad. F. Hélie). Flammarion.

Berman, H. J. (1983). Law and Revolution: The Formation of the Western Legal Tradition. Harvard University Press.

Bibas, S. (2004). Plea Bargaining outside the Shadow of Trial. Harvard Law Review, 117(8), 2463-2547.

Boyce, M. (1979). Zoroastrians: Their Religious Beliefs and Practices. Routledge.

Braithwaite, J. (1989). Crime, Shame and Reintegration. Cambridge University Press.

Braithwaite, J. (2002). Restorative Justice and Responsive Regulation. Oxford University Press.

Braithwaite, J., & Pettit, P. (1990). Not Just Deserts: A Republican Theory of Criminal Justice. Oxford University Press.

Brundage, J. A. (1995). Medieval Canon Law. Longman.

Buck-Morss, S. (2009). Hegel, Haiti, and Universal History. University of Pittsburgh Press.

Carbasse, J.-M. (2000). Histoire du droit pénal et de la justice criminelle. PUF.

Christie, N. (1977). Conflicts as Property. British Journal of Criminology, 17(1), 1-15.

Christie, N. (1981). Limits to Pain. Martin Robertson.

Christie, N. (2000). Crime Control as Industry (3e éd.). Routledge.

Clear, T. R. (2007). Imprisoning Communities. Oxford University Press.

Comte, A. (1830-1842/1975). Cours de philosophie positive (Vol. I-VI). Hermann.

Cover, R. M. (1983). Nomos and Narrative. Harvard Law Review, 97(4), 4-68.

Cullen, F. T., & Gendreau, P. (2000). Assessing Correctional Rehabilitation. Criminal Justice, 3, 109-175.

Daly, K. (2002). Restorative Justice: The Real Story. Punishment and Society, 4(1), 55-79.

Davis, A. Y. (2003). Are Prisons Obsolete? Seven Stories Press.

Driver, G. R., & Miles, J. C. (1952). The Babylonian Laws (Vol1. -2). Oxford University Press.

Dubois, L. (2004). Avengers of the New World. Harvard University Press.

Duff, R. A. (2001). Punishment, Communication, and Community. Oxford University Press.

Durkheim, É. (1895/1988). Les Règles de la méthode sociologique. Flammarion.

Dworkin, R. (1977). Taking Rights Seriously. Harvard University Press.

Dworkin, R. (1986). Law's Empire. Harvard University Press.

Farrington, D. P. (2003). Developmental and Life-Course Criminology. Criminology, 41(2), 221-255.

Fazel, S., & Wolf, A. (2015). A Systematic Review of Criminal Recidivism Rates Worldwide. PloS ONE, 10(6).

Feinberg, J. (1970). The Expressive Function of Punishment. In Doing and Deserving. Princeton University Press.

Fick, C. (1990). The Making of Haiti. University of Tennessee Press.

Fletcher, G. P. (1978). Rethinking Criminal Law. Oxford University Press.

Foucault, M. (1975). Surveiller et punir : Naissance de la prison. Gallimard.

Frankfurt, H. (1969). Alternate Possibilities and Moral Responsibility. Journal of Philosophy, 66(23), 829-839.

Garland, D. (1990). Punishment and Modern Society. University of Chicago Press.

Garland, D. (2001). The Culture of Control. University of Chicago Press.

Given, J. B. (1997). Inquisition and Medieval Society. Cornell University Press.

Goring, C. (1913). The English Convict. His Majesty's Stationery Office.

Herman, J. L. (2005). Justice from the Victim's Perspective. Violence Against Women, 11(5), 571-602.

Hobbes, T. (1651/2012). Leviathan (N. Malcolm, Éd.). Clarendon Press.

Hughes, C. E., & Stevens, A. (2010). What Can We Learn from the Portuguese Decriminalization of Illicit Drugs? British Journal of Criminology, 50(6), 999-1022.

Hulsman, L., & Bernat de Celis, J. (1982). Peines perdues : le système pénal en question. Le Centurion.

Husak, D. (2008). Overcriminalization: The Limits of the Criminal Law. Oxford University Press.

Kant, I. (1785/1994). Fondements de la métaphysique des mœurs (V. Delbos, trad.). Vrin.

Kant, I. (1797/1994). Métaphysique des mœurs (A. Philonenko, trad.). Vrin.

Kelsen, H. (1934/1999). Théorie pure du droit (C. Eisenmann, trad.). LGDJ.

Liddell, H. G., & Scott, R. (1940). A Greek-English Lexicon (9e éd.). Oxford University Press.

Locke, J. (1689/1988). Two Treatises of Government (P. Laslett, Éd.). Cambridge University Press.

Locke, J. (1689/1992). Lettre sur la tolérance (R. Polin, trad.). PUF.

Lombroso, C. (1876/2006). Criminal Man (M. Gibson & N. H. Rafter, trad.). Duke University Press.

Merton, R. K. (1938). Social Structure and Anomie. American Sociological Review, 3(5), 672-682.

Milgram, S. (1963). Behavioral Study of Obedience. Journal of Abnormal and Social Psychology, 67(4), 371-378.

Montesquieu, C. de S. (1748/1979). De l'esprit des lois (V. Goldschmidt, Éd.). Flammarion.

Murray, J., Farrington, D. P., & Sekol, I. (2012). Children's Antisocial Behavior after Parental Incarceration. Psychological Bulletin, 138(2), 175-210.

Nagin, D. S. (2013). Deterrence in the Twenty-First Century. Crime and Justice, 42(1), 199-263.

National Registry of Exonerations (2023). University of Michigan Law School.

Nietzsche, F. (1882/1982). Le Gai Savoir (trad. P. Klossowski). Gallimard.

Pager, D. (2003). The Mark of a Criminal Record. American Journal of Sociology, 108(5), 937-975.

Peters, E. (1988). Inquisition. University of California Press.

Rawls, J. (1971). A Theory of Justice. Harvard University Press.

Riley, J. C. (2001). Rising Life Expectancy: A Global History. Cambridge University Press.

Rousseau, J.-J. (1762/2001). Du contrat social (B. Bernardi, Éd.). Flammarion.

Russell, J. B. (1981). Satan: The Early Christian Tradition. Cornell University Press.

Sala-Molins, L. (1987). Le Code Noir ou le calvaire de Canaan. PUF.

Sampson, R. J., Raudenbush, S. W., & Earls, F. (1997). Neighborhoods and Violent Crime. Science, 277(5328), 918-924.

Shaked, S. (1994). Dualism in Transformation. School of Oriental and African Studies.

Shaw, C. R., & McKay, H. D. (1942). Juvenile Delinquency and Urban Areas. University of Chicago Press.

Sherman, L. W., & Strang, H. (2007). Restorative Justice: The Evidence. The Smith Institute.

Skolnick, J. H. (1966). Justice without Trial. Wiley.

Strang, H. (2002). Repair or Revenge: Victims and Restorative Justice. Oxford University Press.

Taylor, C. (2007). A Secular Age. Harvard University Press.

Tentler, T. N. (1977). Sin and Confession on the Eve of the Reformation. Princeton University Press.

Tonry, M. (2004). Punishment and Politics. Willan Publishing.

Trouillot, M.-R. (1995). Silencing the Past. Beacon Press.

Wacquant, L. (2001). Les Prisons de la misère. Raisons d'agir.

Wacquant, L. (2009). Punishing the Poor. Duke University Press.

Weber, M. (1919/1959). Le Savant et le Politique (trad. J. Freund). Plon.

Westbrook, R. (Éd.). (2003). A History of Ancient Near Eastern Law (Vol1.). Brill.

Western, B. (2006). Punishment and Inequality in America. Russell Sage Foundation.

Western, B., & Wildeman, C. (2009). The Black Family and Mass Incarceration. Annals of the American Academy, 621(1), 221-242.

Whitman, J. Q. (2008). Harsh Justice. Oxford University Press.

Wilson, W. J. (1987). The Truly Disadvantaged. University of Chicago Press.

Wood, G. S. (1991). The Radicalism of the American Revolution. Alfred A. Knopf.

World Prison Brief (2023). Birkbeck University of London.

Zehr, H. (1990). Changing Lenses. Herald Press.

Zehr, H. (2015). The Little Book of Restorative Justice (rééd.). Good Books.

Zedner, L. (2004). Criminal Justice. Oxford University Press.

Zimbardo, P. G. (2007). The Lucifer Effect. Random House.

À PROPOS DE L'AUTEUR

Il y a une catégorie d'hommes que l'institution reconnaît et forme, et qui finissent par retourner leur regard contre elle. Non par ressentiment, plutôt, par cohérence. Quesner Stephen est de cette catégorie.

Né en Haïti, il se forme en droit civil à l'Université d'État d'Haïti — L.L.B. obtenu en 2000 — puis intègre l'École de la Magistrature (EMA) après concours national. C'est par cette voie exigeante, non par nomination, qu'il entre dans la justice haïtienne et est affecté au Parquet de Port-au-Prince comme substitut-Commissaire du Gouvernement relevant du ministère de la Justice.

De 2003 à 2008, il représente l'État dans des poursuites pénales, supervise la légalité des détentions, veille aux garanties procédurales. Il est, pendant cinq ans, l'une des chevilles ouvrières du système qu'il s'apprête à démontrer irréformable.

Il démissionne en 2008. La formule de son CV est sobre : « opposition de principe aux violations systémiques du droit ». Ce qu'elle recouvre est plus profond : la conviction, acquise de l'intérieur, que ce qu'il observait n'était pas la corruption d'un bon système - c'était la logique d'un système fondamentalement inadapté à l'espace dans lequel il opère. Cette conviction ne le quittera plus. Elle prendra environ vingt ans à trouver sa démonstration rigoureuse.

Il traverse ensuite la frontière entre la pratique et la science. En Floride, il reprend des études : Bachelor en gestion de la sécurité publique au Florida State College de Jacksonville (2015), puis Maîtrise en justice criminelle à l'Université de North Florida (2017). Ces années ne sont pas une reconversion — elles sont un armement.

En 2018, il retourne en Haïti comme conseiller technique pour la réforme du secteur judiciaire. Il y conçoit un cadre complet de carrière au mérite pour la magistrature haïtienne : évaluation, promotion, indépendance, aligné sur les principes internationaux d'indépendance judiciaire. Le programme est suspendu pour raisons politiques et de financement avant d'avoir pu être mis en œuvre. C'est, pour lui, une confirmation supplémentaire que le problème n'est pas technique. Il est structurel.

Consultant certifié en droit haïtien en Floride (Florida Certified Foreign Legal Consultant), principal associé de Stegy Group LLC depuis 2021, il publie des analyses sur la crise sécuritaire haïtienne et la gouvernance dans Le Nouvelliste.

Ce livre est autre chose. Ce n'est pas une analyse de plus sur la réforme judiciaire. C'est la démonstration, par la méthode déductive, rigoureuse, documentée, que la réforme de la justice pénale est impossible - parce que le problème n'est pas dans le fonctionnement de la justice pénale, mais dans sa nature.

Dix-huit ans après sa démission, Quesner Stephen pose sur papier ce que ce geste avait commencé à formuler : la justice pénale est une institution théologique héritée par inadvertance par l'État démocratique - et l'État démocratique est désormais tenu, par cohérence avec ses propres principes, de la remplacer.

On dira peut-être qu'il est un rêveur. Mais les rêveurs n'entrent généralement pas dans la magistrature par concours national. Ils ne démissionnent pas par opposition de principe. Et ils ne passent pas vingt ans à construire la preuve de ce que leur démission avait pressenti.

www.ingramcontent.com/pod-product-compliance
Lightning Source LLC
LaVergne TN
LVHW022203200926
848481LV00006B/1836
* 9 7 9 8 9 9 9 4 6 1 6 3 6 *